Lee Strobel & Garry Poole

Die Passion Christi verstehen

Lee Strobel & Garry Poole

Die Passion Christi verstehen

Die Passion Christi verstehen

**Kreuzigung und Auferstehung –
dem größten Ereignis der Geschichte auf der Spur**

GERTH MEDIEN

Titel der Originalausgabe:
Experiencing The Passion Of Jesus

Published by Zondervan Publishing House, Grand Rapids, Michigan 49530, USA
This guide is neither affiliated with nor endorsed by
Mel Gibson or Icon Productions.

1. Auflage März 2004
2. Auflage April 2004
Best.-Nr. 657 545

ISBN 3-89490-545-X

Die Bibelstellen wurden, wenn nicht anders angegeben, der „Gute Nachricht Bibel“, Stuttgart: Deutsche Bibelgesellschaft 1997, entnommen.

Übersetzung: Ingo Schütz
Umschlaggestaltung: Immanuel Grapentin
Umschlagfoto: corbis
Satz: Die Feder GmbH, Wetzlar
Druck und Verarbeitung: Schönbach-Druck, Erzhausen

Inhalt

Vorwort

Im abgedunkelten Vorführraum von Mel Gibsons Studio stürzte die grausame Szene, in der die Hinrichtung Jesu dargestellt wurde, mit einer erschütternden Lebendigkeit auf mich ein. Obwohl ich nur die Rohfassung des Films „Die Passion Christi“ sah, fühlte ich mich, als hätte ich bei dem historischen Ereignis selbst in der ersten Reihe gestanden.

Zum ersten Mal in meinem Leben hatte ich das Gefühl, wirklich *miterleben* zu können, was Jesus erlitten hatte. Ich hatte meine Nase in schlaue Bücher gesteckt, mich tagelang in Bibliotheken vergraben und kluge Leute befragt. Dadurch hatte ich eine Menge Wissen angehäuft, aber durch diesen Film fühlte ich mich in die Geschichte selbst hineinversetzt. Ich ließ meinen Tränen freien Lauf. Die Bilder, die ich gesehen hatte, und die Gefühle, die sie in mir auslösten, veränderten mein Verständnis der Kreuzigung dauerhaft.

Zeitsprung: Knapp 25 Jahre zuvor.

Ich war ein intellektueller junger Mann, stand jeder Religiosität skeptisch gegenüber und hielt allein die Vorstellung von einem „Gott“ für absurd.

Jesus war für mich ein ganz normaler Mensch, um den sich später ein Mythos zu ranken begann, sodass man heute fälschlicherweise in ihm Gott sieht. Der Tod, so meine Überzeugung, würde mein Leben eines Tages restlos tilgen. Ich war der gleichen Ansicht wie der atheistische Philosoph Bertrand Russell: „Ich glaube, dass ich verwesen werde, wenn ich sterbe, und nichts von meinem Ego überlebt."

Das hört sich bitter an, dachte ich, *aber, hey, so ist es nun mal.*

Dann kam meine Frau zum Glauben. *Üble Sache,* vermutete ich. Aber in den folgenden Monaten war ich so erstaunt über die positiven Veränderungen ihrer Persönlichkeit, dass ich beschloss, meine Erfahrungen als Gerichtsreporter zu nutzen, um das Christentum auf seine Glaubwürdigkeit hin zu untersuchen. Für mich als Gerichtsreporter der *Chicago Tribune* war es, als wäre ich der wichtigsten Story meines Lebens auf der Spur.

Ich konzentrierte mich bei meinen Untersuchungen größtenteils auf die Passion (also das Leiden und Sterben) dieses Mannes Jesus von Nazaret und auf die Aussagen und Behauptungen, die sich mit seiner Auferstehung verbanden. Für mich war es sehr wichtig, herauszufinden, ob er wirklich am Kreuz gestorben war, bevor ich überhaupt die Frage stellen konnte, ob es Gründe gab, denen zu glauben, die die Behauptung aufstellten, ihn später lebendig gesehen zu haben.

Ich lotete durch intensive Recherchearbeit und Gespräche mit Experten immer mehr Beweismaterial aus. Mit der Zeit kannte ich mich ziemlich gut mit allen Fakten aus, die im Zusammenhang mit dem Ableben Jesu standen. Ich wusste, wie groß die Nägel vermutlich waren, die man ihm in Hände und Füße schlug. Ich wusste, wie die Wunde in seiner Seite ausgesehen haben musste. Ich konnte seinen Tod Stück für Stück rekonstruieren und beschreiben. Ich wurde selbst zu einem Experten für Kreuzigungen, diese grausame Art der Hinrichtung, die die Römer auf ihre Weise perfektioniert hatten.

Schließlich war ich nach meinen weitläufigen Untersuchungen, die nahezu zwei Jahre gedauert hatten, davon überzeugt, dass der Tod und die Auferstehung Christi tatsächlich als Stützen für seine Behauptung betrachtet werden müssen, er sei der eine Sohn Gottes. Von den Fakten selbst überführt, lud ich ihn als meinen Herrn, der meine Sünden vergibt, in mein Leben ein.

Aber trotz all der Daten, Details und Dokumente, die sich mir ins Gedächtnis eingegraben hatten, bahnte sich Mel Gibsons Film mit seinen gewaltigen Bildern einen Weg direkt in mein Herz, erlebte ich die Passion Jesu und ihre Bedeutung für mich ganz neu.

Wenn Sie den Film gesehen haben, wissen Sie bereits, welche unglaubliche Kraft in ihm steckt. Vermutlich hat der Film Ihnen aber nicht nur auf der visuellen Ebene die Kreuzigung drastisch vor Augen geführt, sondern auch eine Menge von Fragen aufgeworfen. Auch wenn Sie den Film noch nicht gesehen haben, aber von dem Medienrummel darüber einiges mitbekommen haben, sind Ihnen vielleicht ein paar Fragen gekommen. Zum Beispiel:

- Wer hat Jesus *wirklich* umgebracht?
- Welches Verbrechen hat er begangen?
- Wie ist es wirklich abgelaufen?
- Warum musste Jesus leiden und sterben?
- Was wurde mit der Auferstehung erreicht?
- Was bedeutet das Ganze für mich?

Dieses Kleingruppenheft haben wir geschrieben, um Sie dabei zu unterstützen, mit anderen Christen und Kirchendistanzierten in einer ungezwungenen Atmosphäre über diese Themen zu sprechen, und zwar in einem Rahmen, in dem alle Meinungen und Standpunkte zunächst einmal gleichberechtigt sind. Wir hoffen, dass Sie bis zum Ende der Einheiten eine Reihe von tragenden Antworten finden, die zur Grundlage Ihrer Entscheidung darüber werden können, welche Bedeutung Jesus für Ihr Leben hat.

Als ich die Gelegenheit hatte, mit Mel Gibson zu sprechen, dankte ich ihm dafür, dass er es mir – und allen anderen, die diesen Film sehen werden – unmöglich gemacht hat, jemals wieder die Härten des Leidens Jesu zu beschönigen oder zu verharmlosen. Um es mit den Worten von Dorothy Sayers zu sagen: „Die meisten Menschen schockiert es, eine Katze zu sehen, die einen Vogel erlegt. Es ist erstaunlich, wie viele von ihnen nicht die geringste Gefühlsregung verspüren, wenn sie Woche für Woche hören, dass Gott getötet wurde.“

Mel Gibsons Film schockiert jeden, der ihn sieht. Ob Sie seine Darstellung der Passion Jesu erschüttert hat oder ob Sie von etwas anderem berührt wurden – Sie halten ein Kleingruppenheft in der Hand, das Ihnen helfen soll, die Bedeutung dieses zentralen Ereignisses der Geschichte zu erfassen.

Machen Sie ganze Sache: Diskutieren und analysieren Sie, klopfen Sie die Geschichte von allen Seiten ab, denken Sie darüber nach, wägen Sie die Argumente ab, studieren, meditieren Sie die angegebenen Infos und Bibelstellen, debattieren, ringen, beraten und lernen Sie – und entscheiden Sie dann selbst. Und vergessen Sie während dieser geistlichen Reise eines nicht: Der ganze Himmel feuert Sie an!

LEE STROBEL

Einige Tipps und Hinweise

Das Christentum hält hartnäckig daran fest, dass Gott selbst eine ernsthafte Untersuchung mit unangenehmen Fragen nur recht ist. Und tatsächlich hat Jesus die Menschen zur Prüfung seiner Ansprüche herausgefordert und ermutigt. Die Bibel ist kein geheimes Buch, das nur den wenigen Eingeweihten vorbehalten bleibt, sondern ein offenes und lebendiges Buch, das der kritischen Prüfung und der öffentlichen Diskussion unterzogen werden will. Die Lehren Jesu sind für alle frei zugänglich – für den Skeptiker genauso wie für den Gläubigen.

Deshalb lade ich Sie ein: Hinterfragen Sie die Ansprüche, erkunden Sie die Möglichkeiten und ziehen Sie Ihre eigenen Schlüsse. Stellen Sie sich der Herausforderung, all das, was Jesus behauptet hat – und alles, was Ihr Weltbild ausmacht – in einer ungezwungenen Atmosphäre des freien Diskutierens und im ernsthaften Bemühen um Antworten zu durchleuchten. Wir vertrauen darauf, dass dieses Kleingruppenheft „Die Passion Christi verstehen" auf Ihrer geistlichen Reise ein wertvoller Wegbegleiter sein wird.

Genauso, wie wir durchaus eine Unwahrheit glauben können, können wir uns aber auch der Wahrheit verweigern. Im besten Fall hilft dieses Kleingruppenheft Ihnen dabei, Wahrheit von Unwahrheit zu unterscheiden und Fakten von Vermutungen und Meinungen zu trennen. Wir glauben zutiefst daran, dass es für jeden von uns wichtig ist, sich mit den Ansprüchen des Neuen Testamentes auseinander zu setzen, damit wir eine solide Grundlage haben, auf der wir die Bedeutung richtig einschätzen können, die Jesus für unser persönliches Leben hat.

Ein geschützter Rahmen für unangenehme Fragen

„Die Passion Christi verstehen“ wurde so konzipiert, dass sowohl Christen als auch interessierte Nichtchristen eine Möglichkeit haben, ihre Fragen zu stellen und sich mit den Themen auseinander zu setzen, die mit dem Tod und der Auferstehung des Mannes Jesus aus Nazaret zusammenhängen. Wenn Sie Mel Gibsons Film „Die Passion Christi“ gesehen haben, dann hat er mit Sicherheit Fragen aufgeworfen: *Wer war dieser Jesus wirklich? Warum musste er am Kreuz leiden? Wie war das noch mit seiner Auferstehung?* Ihre Meinungen, Fragen und Kommentare – und natürlich auch Ihre Einwände – sind im geschützten Rahmen einer Kleingruppe oder eines Hauskreises, in dem das vorliegende Heft behandelt wird, absolut willkommen.

Dieses Kleingruppenheft richtet sich vor allem an Interessierte, die noch nicht ganz überzeugt sind. Von daher kann man es am besten in einer Gruppe oder einem Hauskreis von „Suchenden“ und Kirchendistanzierten einsetzen. Diese speziellen Gruppen bestehen aus verschiedenartigen Menschen, die sich gerne mit Glaubensfragen beschäftigen, und einem oder zwei Christen, die die Gesprächsrunden leiten. Diese Gruppen treffen sich regelmäßig, am besten einmal wöchentlich, zu Hause, im Restaurant, im Büro, in einer Kirche – oder sogar bei McDonald's! Wir hoffen, dass interessierte Nichtchristen durch die Beschäftigung mit diesem Heft ermutigt werden, sich ernsthaft mit den Ansprüchen Jesu auseinander zu setzen – und auf einer gut informierten Grundlage ihre eigene unabhängige Entscheidung treffen, wie sie auf Grund ihrer Erkenntnisse reagieren wollen.

Dieses Heft ist aber auch für Kleingruppen geeignet, in denen nur Christen sind. Sie können sich mit den Antworten auf die kniffligen Fragen beschäftigen, die Skeptiker und Suchende an den Film von Mel Gibson herantragen werden. Indem sie diese Herausforderung gemeinsam angehen, wird nicht nur ihr eigener Glaube gestärkt, sondern es befähigt sie auch, mit den Skeptikern unter ihren Freunden, Kollegen, Nachbarn und Familienangehörigen in einen Dialog über das Christsein im Allgemeinen zu treten.

„Ihr werdet mich suchen und werdet mich finden. Denn wenn ihr mich von ganzem Herzen sucht, werde ich mich von euch finden lassen.“

Jeremia 29,13–14a

Zu Inhalt und Aufbau

„Die Passion Christi verstehen“ besteht aus sechs Einheiten, von denen jede mit einer Einleitung in das Thema beginnt. In jeder Einheit finden Sie zwischen 10 und 15 Fragen, die ein Gespräch anregen sollen. Verschiedene Zitate und Aussprüche sollen Ihre grauen Zellen anregen, und durch die Bibelverse erhalten Sie zusätzlichen Input aus der Bibel. Vielleicht erscheint es der Gruppe nicht realistisch, bei einem einzigen Treffen das ganze Material durchzuarbeiten, das ihr in einer Einheit bereitgestellt wird. Das ist nicht weiter schlimm; wichtiger ist es, sich intensiv mit dem aktuellen Thema auseinander zu setzen. Dazu muss man nicht notwendigerweise alle Fragen besprechen. Trotzdem haben Sie als Gruppe natürlich auch die Freiheit, sich mehr als einen Abend für jede Einheit zu nehmen, um keinen Punkt auslassen zu müssen.

Die Fragen sollen immer zu einem anregenden und lebendigen Gespräch führen; sie wollen nicht mit einem einfachen Satz beantwortet werden. Kurz gesagt: Dieses Heft regt keine Bibelarbeit an, obwohl es sich ab und zu auf biblische Themen und Geschichten bezieht. Vielmehr soll dieses Heft zu Gesprächen anleiten, die sich an einem immer neuen Thema orientieren, damit Sie über alles offen sprechen können, was Sie wirklich denken und fühlen. Auch wenn die Einheiten auf einen bestimmten Punkt hinweisen und eine mögliche Antwort andeuten, werden sie nie das letzte Wort zu einer aufgeworfenen Frage haben.

Denn Ihre Antwort müssen Sie schon selbst finden! Sie sind immer eingeladen und herausgefordert, Ihre Erfahrungen, Ihre Sicht der Dinge und auch Ihre Unsicherheiten mit in die Diskussion einzubringen. Sie sollen Ihre Überzeugungen mit dem vergleichen, was die Bibel lehrt, und können so in jeder Einheit neu herausfinden, wo Sie stehen.

Jede Gruppe sollte einen Leiter haben. Dieser Leiter soll keinen Vortrag halten, sondern eine Atmosphäre schaffen, in der alle Standpunkte gleich willkommen sind. Wir empfehlen Ihnen „Authentische Kleingruppen leiten" als nützliches Werkzeug, das Ihnen als Leiter dabei hilft, eine Kleingruppe ins Leben zu rufen, Gespräche mit Nichtchristen zu führen und die Mitglieder Ihrer Gruppe dabei unterstützt, einander besser kennen zu lernen und etwas Schwung in ein Gespräch zu bringen.

Denken Sie darüber hinaus an folgende Punkte, wenn Sie an einem Treffen Ihrer Kleingruppe oder Ihrem Hauskreis teilnehmen:

- Sehen Sie sich „Die Passion Christi" als Gruppe gemeinsam an. Ermutigen Sie auch die anderen dazu, die Bibelstellen zu lesen, um die es in dem Film geht: Matthäus 26,36–28,20; Markus 14,32–16,20; Lukas 22,39–24,53; Johannes 18,1–21,25.
- Lesen Sie, wenn möglich, jede Einheit vor dem jeweiligen Treffen. Je vertrauter Sie mit dem Thema sind, desto tiefer werden Ihre Gespräche gehen.

- Nehmen Sie am Gruppengeschehen teil. Der Leiter der Gruppe wird keine Predigt halten, sondern jeden Einzelnen dazu einladen, über eigene Meinungen und Unterschiede offen zu sprechen. Nehmen Sie sich vor, Ihre Gedanken offen und ehrlich mitzuteilen.
- Gehen Sie sensibel mit den anderen Gruppenteilnehmern um. Hören Sie ihnen gut zu, und signalisieren Sie Bestätigung, wenn Sie der gleichen Meinung sind. Das ermutigt die Personen, die zurückhaltender sind, sich zu beteiligen. Respektieren Sie die anderen in jedem Fall, auch wenn Sie ihren Standpunkt nicht teilen.
- Achten Sie darauf, das Gespräch nicht zu dominieren. Nehmen Sie an den Gesprächen teil, aber gestehen Sie den anderen die gleiche Redezeit zu.
- Versuchen Sie, beim Thema zu bleiben, um das es gerade geht. Es ist nicht genügend Zeit, um alle Randgebiete zu behandeln, die Ihnen während des Abends in den Sinn kommen. Merken Sie sich die Gedanken für weitere Gespräche außerhalb der normalen Treffen.
- Es ist hilfreich, eine moderne Bibelübersetzung zu besitzen, wie die „Gute Nachricht Bibel“ oder die Bibelausgabe „Hoffnung für alle“.
- Lesen Sie die Bibel und weitere empfohlene Bücher, während Sie mit diesem Kleingruppenheft arbeiten. In jedem Kapitel gibt es einen Abschnitt „Weiterführende Bibelstellen“: Hier finden Sie für den Einstieg eine Liste von verschiedenen Stellen,

die einen Bezug zu dem jeweiligen Thema haben. Im Anhang des Heftes finden Sie unter der Überschrift „Literaturempfehlungen" einige Anregungen, welche Bücher sich zum weiteren Studium zu lesen lohnen.

- Ein letzter Vorschlag: Sprechen Sie zu Beginn jedes Abends ein kurzes, stilles Gebet – auch wenn Sie sich nicht sicher sind, ob es Gott wirklich gibt. Wenn Sie Zweifel haben, sagen Sie es ihm. Und bitten Sie ihn darum, sich Ihnen auf irgendeine Weise zu zeigen – und sagen Sie ihm, dass Sie bereit sind, ihm zu antworten, wenn er dies tut.

Wir fordern Sie heraus ...

Das Christentum steht und fällt mit Jesus Christus. Von ihm sind uns eine Reihe von Aussagen überliefert und die meisten sind ziemlich starker Tobak. Aber das eigentlich Verrückte am Christentum ist, dass zu einem bestimmten Zeitpunkt in der Geschichte Gott selbst auf diese Erde kam, um als Mensch mitten unter uns zu leben, und zwar in der Person Jesu von Nazaret. Der verblüffendste – und verwirrendste – Moment im Leben Jesu war, als er am Kreuz hing und als gewöhnlicher Verbrecher hingerichtet werden sollte. Alles schien an diesem Ort der Schwäche verloren. „Beweise deine Macht, Jesus, und steige vom Kreuz herab!", riefen die Menschen, und ihr Spott geißelte ihn wie die Peitsche, mit der er vor der Kreuzigung geschlagen worden war. Und dennoch hatte Gott auch zu diesem Zeitpunkt alles in der Hand, verbarg sich doch hinter diesem grausigen Geschehen sein ganz großer Auftritt. Am Kreuz zeigte er seine Liebe, die mit Worten nicht beschrieben werden kann. Das, was Jesus dort als den endgültigen Beweis für die Liebe und Gerechtigkeit Gottes getan hat, verlangt nach einem „Kreuzverhör“: nach einer eingehenden Untersuchung, um herauszufinden, wie es wirklich war und was diese ganze Sache bedeutet.

Wenn Sie sich intensiv mit diesem wichtigsten Ereignis der Menschheitsgeschichte auseinander setzen – dem Tod und der Auferstehung Jesu –, werden Sie sinnvolle und befriedigende Antworten auf die wichtigsten Ihrer Fragen finden. Wir laden Sie ein, diese Fragen gemeinsam mit anderen in einer Kleingruppe anhand dieses Heftes zu stellen. Bringen Sie sich mit ganzem Herzen und ganzem Verstand ein – und seien Sie bereit für ein fantastisches Abenteuer, das Ihr Leben verändern könnte!

„Bittet
und ihr werdet
bekommen!
Sucht
und ihr werdet finden!
Klopft an
und es wird euch
geöffnet!“

Matthäus 7,7

Einheit 1

WER IST SCHULD?

Wer hat Jesus wirklich umgebracht?

Wer hat Jesus wirklich umgebracht?

Bei jedem Prozess vor Gericht geht es darum, herauszufinden, wer eine fragliche Tat begangen hat. Ist der Angeklagte verantwortlich oder ist es in Wirklichkeit die Schuld eines anderen? In amerikanischen Gerichten hören sich die Geschworenen Zeugenaussagen an und begutachten Beweisstücke – ein Vorgang, der oft ermüdend und langwierig ist und von schwer verständlichem Juristenvokabular geprägt wird. Es kommt sogar ab und zu vor, dass ein Geschworener in den endlosen Pausen und Verzögerungen des Prozesses einfach einschläft.

Was wäre, wenn die Geschworenen eine Videoaufnahme vom Tathergang sehen könnten? Die Intensität und Dramatik des Vorfalls würden sie mit Sicherheit fesseln. Die Bilder hätten eine weitaus höhere Beweiskraft als die Worte, mit denen man später vor Gericht zu beschreiben versuchte, was passiert ist.

„Die Passion Christi“ ist ein gutes Beispiel für einen Film, der das Publikum mitreißt. Geschockt und ungläubig, abgestoßen von der Brutalität und dem endlosen Leiden, werden wir Zeugen der grausamen Kreuzigung Jesu – und unser Sinn für Gerechtigkeit wird geweckt. „Wer hat das getan?“, ruft etwas in uns. „Wer ist für diese Abscheulichkeit verantwortlich?“ Die nicht enden wollenden Peitschenhiebe, das entstellte Gesicht, das zerfetzte Fleisch – die schrecklichen Bilder von unbändiger Gewalt zwingen uns zu der Frage: „Wer trägt die Schuld daran? Wer dafür verantwortlich ist, soll bezahlen!“

„‚Die Passion Christi‘ stellt Juden als blutrünstige, sadistische und geldgierige Feinde Gottes dar und fördert somit Gewalt gegen Juden.“

Die Anti-Diffamierungsliga

Steckt der Teufel hinter allem? Judas? Pilatus? Die Hohenpriester? Die römischen Soldaten? Die blutrünstige Menschenmenge? Warum sind die Jünger nicht eingeschritten, um diesem Wahnsinn Einhalt zu gebieten? Es waren viele Menschen beteiligt, und deshalb kann man nicht so einfach sagen, wer in erster Linie die Schuld an allem trägt.

Pilatus befiehlt die ungerechte Hinrichtung und die römischen Soldaten führen diesen Befehl mit unmenschlicher Effektivität aus. Die Jünger fliehen mit Ausnahme von Petrus, der inmitten des ganzen Chaos leugnet, zu Jesus zu gehören oder ihn zu kennen. Die Rufe der Menge verschmelzen zu einem Furcht einflößenden Rhythmus im Hintergrund. Sie verhöhnen jeden Schritt, den Jesus auf seinem Weg nach Golgatha geht, und lachen über jeden Hammerschlag, mit dem er ans Kreuz genagelt wird. Judas, der Verräter, erhängt sich selbst. Man spürt die Anwesenheit des Bösen, die verborgene Gegenwart des Teufels. Er – oder sie? – ist auf unheimliche Art erleichtert, als man Jesus endlich für tot erklärt.

Auf welches Individuum in dieser riesigen Menge könnten wir als den Schuldigen zeigen? Verdacht und Anschuldigungen sind schnell bei der Hand, wenn man die Liste der möglichen Täter durchgeht.

Natürlich hat die Schilderung von Jesu Tod immer Kontroversen ausgelöst, sei es bei mittelalterlichen Passionsspielen oder im jüngsten Film von Mel Gibson. Erstaunlicherweise berichteten die Zeitungen über diese Debatten schon lange, bevor „Die Passion Christi" überhaupt in den Kinos anlief. In der öffentlichen Diskussion ging es unter anderem um die Frage, ob der Film – vielleicht sogar unbeabsichtigt – den Juden die Kollektivschuld zuweise, sie verleumde und Nahrung für Antisemitismus biete.

Was steckt wirklich hinter dem Tod Jesu? Wer sind die wahren Täter? Unser Sinn für Gerechtigkeit verlangt nach einem eindeutigen Urteil. Wenn wir einen Schuldigen identifizieren können, dann kommt vielleicht etwas Sinn in diesen furchtbaren, offensichtlich sinnlosen Horror.

„‚Die Passion Christi' ist nicht antisemitisch. Nie wird so getan, als wären Jesus und seine Jünger keine Juden gewesen. Im Film wird ausdrücklich darauf hingewiesen, dass es ein Jude ist, der am Ende das Kreuz für Jesus trägt und an seinem Leiden teilhat. Der Film folgt treu den vier Evangelien. Demnach sind die Pharisäer die Feinde Jesu. Sie und ihre Anhänger sind es, die seinen Tod wollen."

David Horowitz (amerikanischer Bürgerrechtler)

Grundlagen für das Gespräch

1. Zählen Sie ein paar Filme auf, die Sie gesehen haben und in denen es um Jesus ging. Welcher hat den größten Eindruck auf Sie gemacht? Warum?

2. Was hat „Die Passion Christi" in Ihnen bewirkt? Hat der Film Sie überrascht oder zum Nachdenken angeregt?

3. Was hat Ihnen an dem Film am besten gefallen, was am wenigsten? Welche Szene ist Ihnen am deutlichsten in Erinnerung geblieben?

4. Religiöse Erziehung, die Medien, Unterhaltungen mit Freunden und auch Kinofilme können Fragen über Jesus aufwerfen.
Welche Fragen und welche kritischen Überlegungen beschäftigen Sie am meisten?

5. Haben Sie jemals miterlebt, dass jemand unfair behandelt wurde?
Hatten Sie anschließend ein starkes Verlangen danach, den Täter zur Rechenschaft zu ziehen?
Beschreiben Sie, was passiert ist.

„Wenn Christus selbst mir im Weg stünde, würde ich, wie Nietzsche, nicht zögern, ihn wie einen Wurm zu zerquetschen."

Che Guevara
(kubanischer Revolutionär)

6. Hat der Film „Die Passion Christi" Ihre Meinung darüber geändert, wer für den Tod Jesu vermutlich verantwortlich ist?
Wen stellt Ihrer Ansicht nach der Film als den Hauptschuldigen dar? Warum?

7. Was verändert das Wissen, wer Jesus umgebracht hat? Wie wichtig ist es *Ihnen*, zu wissen, wer Jesus getötet hat? Warum?

8. Jesus war Jude. Seine engsten Freunde und alle, die ihm folgten, waren Juden.
Er lebte in einer jüdischen Gemeinschaft und wurde von den jüdischen Massen als Held gefeiert, als er am Palmsonntag in Jerusalem einzog.
Inwiefern stützt oder stürzt das die Behauptung, der Film sei antisemitisch?

„Der Vater liebt mich,
weil ich bereit bin,
mein Leben zu opfern,
um es aufs Neue
zu erhalten.
Niemand kann mir
das Leben nehmen.
Ich gebe es aus freiem
Entschluss.
Es steht in meiner Macht,
es zu geben, und auch
in meiner Macht,
es wieder an mich
zu nehmen.
Damit erfülle ich den
Auftrag meines Vaters."

Jesus (Johannes 10,17–18)

9. Nehmen Sie sich einen Augenblick Zeit, um die unten stehenden Verse zu lesen. Tragen Sie dann in die Tabelle ein, wem die einzelnen Bibelstellen die Mitschuld am Tod Jesu geben.

Klärt diese Liste diese Frage für Sie oder ist sie eher verwirrend?

Bibelvers	**Tatverdächtige**
Matthäus 26,47–49	
Johannes 10,17–18	
Matthäus 27,1	
Matthäus 27,20–22	
Matthäus 27,26	
Lukas 22,3–4	
Matthäus 27,27–31	
Matthäus 27,46	

10. Lesen Sie die folgenden Verse aus der Bibel. Was denken Sie – vor dem Hintergrund der Macht Gottes und der Verantwortlichkeit der Menschen –: Wen halten die biblischen Verfasser für *letztendlich* verantwortlich?

„[Pilatus] fragte Jesus: ‚Woher kommst du?' Aber Jesus antwortete ihm nicht. Pilatus sagte zu ihm: ‚Willst du nicht mit mir reden? Vergiss nicht, dass ich die Macht habe, dich freizugeben, aber auch die Macht, dich ans Kreuz zu bringen!' Jesus antwortete: ‚Du hättest keine Macht über mich, wenn Gott es nicht zugelassen hätte.'"

Johannes 19,9–11

„Weißt du nicht, dass ich nur meinen Vater um Hilfe zu bitten brauche, und er schickt mir sofort mehr als zwölf Legionen Engel? Aber wie soll sich dann erfüllen, was in den Heiligen Schriften angekündigt ist?"

Jesus (Matthäus 26,53–54)

„[Jesus Christus] war in allem Gott gleich, und doch hielt er nicht gierig daran fest, so wie Gott zu sein. Er gab alle seine Vorrechte auf und wurde einem Sklaven gleich. Er wurde ein Mensch in dieser Welt und teilte das Leben der Menschen. Im Gehorsam gegen Gott erniedrigte er sich so tief, dass er sogar den Tod auf sich nahm, ja, den Verbrechertod am Kreuz." Philipper 2,6–8

„Wie sehr Gott uns liebt, beweist er uns damit, dass Christus für uns starb, als wir noch Sünder waren."

Römer 5,8

„Unsere Sünden hat er ans Kreuz hinaufgetragen, mit seinem eigenen Leib. Damit sind wir für die Sünden tot und können nun für das Gute leben. Durch seine Wunden seid ihr geheilt worden!" 1. Petrus 2,24

11. Stimmen Sie Billy Graham zu, der nach dem Besuch des Films „Die Passion Christi" sagte: „Der Film gibt die Lehre der Bibel treu wieder: Wir alle sind für Jesu Tod verantwortlich, weil wir alle gesündigt haben.
Unsere Sünden sind es, die ihn ans Kreuz gebracht haben, nicht eine einzelne Person oder Gruppe"?
Inwiefern können wir verantwortlich sein, wenn wir doch noch nicht geboren waren, als Jesus gekreuzigt wurde?

12. Kreuzen Sie die Aussagen an, die Ihren gegenwärtigen Standpunkt am ehesten wiedergeben. Teilen Sie der Gruppe Ihre Antwort mit und erläutern Sie Ihre Meinung.

„Meine Sünden haben ihn vor allen anderen ans Kreuz geschlagen."

Mel Gibson

- O Ich bin mir nicht sicher, wie wichtig die Frage ist, wer Jesus umgebracht hat.
- O Ich bin mir sicher, dass nicht eine einzelne Person oder Gruppe allein für Jesu Tod verantwortlich ist.
- O Ich verstehe, dass es in der Bibel heißt, wir seien alle für Jesu Tod verantwortlich – aber ich bin mir nicht sicher, ob ich das glauben kann.
- O Ich glaube, dass meine Sünden und die Sünde der Welt Jesus ans Kreuz geschlagen haben.
- O Ich glaube, dass jeder Einzelne von denen, die in der Bibel erwähnt werden, seinen Anteil am Tod Jesu hatte.
- O Ich habe eine Menge Zweifel an Gott und es macht für mich einfach keinen Sinn: Wieso sollte Gott sich einfach zurückgelehnt haben, um zuzuschauen, wie sein Sohn ermordet wird, ohne einzugreifen?
- O Ich verstehe nicht ganz, wie ich für den Tod Jesu verantwortlich sein kann.

„Wenn man darüber nachdenkt,
warum Jesus auf die Erde gekommen ist,
warum er gekreuzigt wurde,
dann erkennt man:
Er litt und starb für die gesamte Menschheit,
damit wirklich jeder,
der ein Unrecht begeht,
sich mit seiner Schuld am Tod Jesu auseinander setzen muss.“

Mel Gibson

Tragen Sie Ihre eigene Antwort hier ein:

Weiterführende Bibelstellen

- Apostelgeschichte 2,22–24
- Römer 3,9–12.21–26
- Römer 5,6–8
- 2. Korinther 5,21
- Philipper 2,6–11
- 1. Petrus 2,22–25

Einheit 2

Schuldig im Sinne der Anklage?

Welches Verbrechen hat Jesus begangen?

Welches Verbrechen hat Jesus begangen?

Lionel Tate war zwölf Jahre alt, als er mit Freunden Wrestling spielen wollte, wie er es aus dem Fernsehen kannte. Das Spiel endete in einer Tragödie – ein sechsjähriges Mädchen kam ums Leben, und Tate fand sich im Gerichtssaal wieder. Die Anklage lautete auf Mord, und als er schuldig gesprochen wurde, bedeutete das für ihn automatisch lebenslangen Freiheitsentzug.

Die Öffentlichkeit war sowohl von der Tat als auch über die Bestrafung schockiert. Der Anwalt des jungen Tate wandte ein, dass es sich um einen Unfall gehandelt habe und es einfach unfair sei, ein Kind für sein ganzes Leben hinter Gitter zu sperren – ohne Hoffnung auf Entlassung. Das Berufungsgericht hob den Schuldspruch wieder auf und klagte Tate nun wegen Totschlags an, wobei dieses auf schuldig plädierte. Schließlich wurde er zu drei Jahren Haft, einem Jahr Hausarrest und zehn Jahren Bewährung verurteilt.

„Dieser Oberste Priester ist nicht einer, der kein Mitgefühl für unsere Schwächen haben könnte. Er wurde ja genau wie wir auf die Probe gestellt – aber er blieb ohne Sünde."

Hebräer 4,15

Wir sind schockiert, wenn eine Strafe dem Verbrechen nicht angemessen ist. Es ist nur fair, wenn die Schwere der Strafe die Schwere der Tat widerspiegelt. Wenn die Parkuhr abgelaufen ist, bekommt man eine kleine Geldstrafe. Wer wiederholt bei einer Geschwindigkeitsüberschreitung oder alkoholisiert am Steuer erwischt wird, muss seinen Führerschein für eine Zeit lang abgeben. Bei Ladendiebstahl wird man in der Regel zu gemeinnütziger Arbeit verurteilt oder muss bei Wiederholung für kurze Zeit ins Gefängnis. Wer wegen Drogenhandels mit Minderjährigen verhaftet wird, auf den wartet eine längere Zeit hinter Gittern. Und wer jemanden umbringt, könnte dafür lebenslang eingesperrt oder in einigen Ländern sogar zum Tode verurteilt werden.

Als die römischen Beamten das Urteil über Jesus sprachen, war es ein hartes – der Tod. Aber Jesus wurde nicht schnell und schmerzlos hingerichtet. Er wurde dazu verurteilt, am Kreuz zu sterben. Im antiken Rom hatte man die Kreuzigung als eine Kombination von physischer Qual und psychischer Demütigung entwickelt, die nebenbei auch noch eine abschreckende Wirkung hatte und verhinderte, dass allzu viele Menschen sich gegen den Staat auflehnten. Diese Art von Todesstrafe war den abscheulichsten Verbrechen vorbehalten – Verrätern des Römischen Reiches, Aufständischen und Mördern.

Zu dieser Strafe gehörte ebenfalls eine unmenschliche, mehrere Stunden dauernde Folter. Die Menschen spuckten Jesus ins Gesicht, schlugen ihn mit ihren Fäusten, beschimpften und beleidigten ihn. Sie verspotteten ihn, indem sie ihm eine Dornenkrone auf den Kopf setzten. Die Peitschenhiebe, die Jesus trafen, waren so heftig, dass sie ihm tiefe Wunden ins Fleisch rissen. Eusebius, ein Historiker aus dem 3. Jahrhundert, beschrieb eine Auspeitschung durch die Römer folgendermaßen: „Die Venen der Geschlagenen waren vom Fleisch entblößt, und die Muskeln, die Sehnen, sogar die Gedärme der Opfer traten offen zum Vorschein."

Als Jesus später gezwungen wurde, sein eigenes Kreuz, an das er geschlagen werden sollte, zum Ort der Hinrichtung zu tragen, brach er unter der Last zusammen. Er konnte keinen einzigen Schritt mehr weitergehen. Daraufhin griffen die römischen Soldaten sich einen Zuschauer aus der Menge, Simon von Kyrene, und zwangen diesen, das Kreuz den restlichen Weg nach Golgatha zu tragen. Schließlich nagelte man Jesus ans Kreuz und überließ ihn dem Tod.

Das Verbrechen, das Jesus begangen hatte, musste abscheulich gewesen sein, um so eine schreckliche Strafe zu rechtfertigen. Die römischen Soldaten, die religiösen Anführer, die gehässige Menschenmasse – alle kochten vor Zorn, Verachtung und Wut.

> „Der beste Weg,
> eine Strafe zu vermeiden,
> ist:
> Kein Verbrechen
> zu begehen."

Aber was genau hatte Jesus getan, um eine solche Strafe zu verdienen? Er wäre sicherlich nicht so hart bestraft worden, wenn er nicht etwas wirklich Schlimmes begangen hätte. Welches Verbrechen hatte Jesus begangen? Warum wurde er gekreuzigt? Was waren die wirklichen Gründe, aus denen Jesus zu diesem grausamen Tod verurteilt wurde?

„Pilatus ließ ein Schild am Kreuz anbringen; darauf stand: ‚Jesus von Nazaret, der König der Juden'. [Das Schild] war in hebräischer, lateinischer und griechischer Sprache abgefasst. Die führenden Priester sagten zu Pilatus: ‚Schreib nicht: »Der König der Juden«, sondern dass dieser Mann behauptet hat: »Ich bin der König der Juden.«' Pilatus sagte: ‚Was ich geschrieben habe, habe ich geschrieben.'"

Johannes 19,19–22

Grundlagen für das Gespräch

1. Wenn Jesus heute in unsere Welt käme, was glauben Sie, wie die Menschen auf ihn reagieren würden?

2. Für welche Verbrechen, wenn überhaupt, halten Sie die Todesstrafe für gerechtfertigt?

3. Lesen Sie den unten stehenden Abschnitt aus der Bibel. Warum fiel es Pilatus so schwer, im Fall Jesu eine Entscheidung zu fällen? Warum war die Menschenmenge derart aufgebracht, dass sie von ihm verlangte, Jesus kreuzigen zu lassen?

„Alle standen auf und brachten Jesus zu Pilatus. Dort erhoben sie Anklage gegen ihn; sie sagten: ‚Wir haben festgestellt, dass dieser Mann unser Volk aufhetzt! Er sagt, wir sollen keine Steuern mehr an den Kaiser zahlen, und er sei Christus, der König, den Gott uns als Retter zu schicken versprach.‘

Pilatus fragte ihn: ‚Bist du der König der Juden?‘

‚Du sagst es‘, gab Jesus zur Antwort.

Pilatus erklärte darauf den führenden Priestern und der versammelten Volksmenge: ‚Ich sehe keinen Grund, diesen Menschen zu verurteilen.‘

Aber sie drängten weiter: ‚Mit seiner Lehre wiegelt er das Volk auf im ganzen jüdischen Land. Angefangen hat er in Galiläa und jetzt ist er bis hierher gekommen.‘

[....] Pilatus ließ die führenden Priester, die anderen Mitglieder des jüdischen Rates und das Volk zusammenrufen und erklärte vor ihnen allen: ‚Ihr habt mir diesen Menschen gebracht und behauptet, er wiegle das Volk auf. Nun, ich habe ihn in eurem Beisein verhört und von den Anklagen, die ihr gegen ihn vorgebracht habt, keine einzige bestätigt gefunden. Aber auch Herodes hat nichts herausgefunden; er hat ihn ja zu uns zurückgeschickt. Ich stelle also fest: Dieser Mensch hat nichts getan, worauf die Todesstrafe steht. Deshalb lasse ich ihn jetzt auspeitschen und gebe ihn frei.‘

Aber sie alle miteinander schrien laut: ‚Weg mit ihm! Gib uns Barabbas frei!‘ Barabbas hatte sich an einem Aufruhr in der Stadt beteiligt und einen Mord begangen; deshalb saß er im Gefängnis.

Pilatus wollte dagegen Jesus freilassen und redete auf die Leute ein. Doch alle schrien: ‚Ans Kreuz mit ihm, ans Kreuz!‘

Pilatus versuchte es ein drittes Mal und sagte zu ihnen: ‚Was hat er denn verbrochen? Ich habe bei ihm kein Vergehen entdeckt, auf das die Todesstrafe steht.

Deshalb lasse ich ihn jetzt auspeitschen und gebe ihn frei.'

Sie aber setzten ihm weiter zu und forderten mit lautem Geschrei, dass Jesus gekreuzigt werden müsse. Und ihr Geschrei zeigte Wirkung. Pilatus entschied, dass sie ihren Willen haben sollten. Den, der wegen Aufruhr und Mord im Gefängnis saß und um den sie gebeten hatten, ließ er frei, Jesus aber gab er ihrem Willen preis." Lukas 23,1–5.13–25

4. In Johannes 19, Vers 12 heißt es, dass die Menge immer wieder schrie: „Wenn du ihn freilässt, bist du kein Freund des Kaisers! Wer sich als König ausgibt, stellt sich gegen den Kaiser!" Warum stellte Jesus für die Römer eine politische Gefahr dar?

5. Warum begegneten die Menschen ihm am Ende mit so viel Hass und Feindseligkeit?

„Da fragte Jesus die Zwölf:
,Und ihr, was habt ihr vor?
Wollt ihr mich auch
verlassen?'
Simon Petrus
antwortete ihm:
,Herr, zu wem sonst
sollten wir gehen?
Deine Worte bringen
das ewige Leben.
Wir glauben und wissen,
dass du der bist,
in dem Gott uns
begegnet.'"

Johannes 6,67–69

6. Denken Sie, dass Jesus den Tod verdient hatte? Warum oder warum nicht?

7. Lesen Sie den unten stehenden Abschnitt aus Markus 15, Verse 2 bis 5.
Was denken Sie, warum Jesus sich auf diese Weise verteidigt hat?

„Pilatus fragte Jesus: ,Bist du der König der Juden?'

,Du sagst es', gab Jesus zur Antwort.

Die führenden Priester brachten viele Beschuldigungen gegen ihn vor. Pilatus fragte ihn: ,Willst du dich nicht verteidigen? Du hast ja gehört, was sie dir alles vorwerfen.'

Aber Jesus sagte kein einziges Wort. Darüber war Pilatus erstaunt." Markus 15,2–5

8. Lesen Sie die folgenden Verse aus der Bibel. Was ist offenbar das Verbrechen, das Jesus begangen hat?
Welche Anklage richtete sich gegen ihn?

„Sie antwortete:
‚Ja, Herr, ich glaube,
dass du der versprochene
Retter bist,
der Sohn Gottes,
der in die Welt
kommen soll.'"

Martas Antwort an Jesus (Johannes 11,27)

„Der Oberste Priester sagte: ‚Ich nehme von dir einen Eid bei dem lebendigen Gott und fordere dich auf, uns zu sagen: Bist du Christus, der versprochene Retter, der Sohn Gottes?'

Jesus antwortete: ‚Ja! Aber ich sage euch, von jetzt an gilt: Ihr werdet den Menschensohn sehen, wie er an der rechten Seite des Allmächtigen sitzt und auf den Wolken des Himmels kommt!'

Da zerriss der Oberste Priester sein Gewand und sagte: ‚Das ist eine Gotteslästerung! Was brauchen wir noch Zeugen? Ihr habt es selbst gehört, wie er Gott beleidigt hat. Wie lautet euer Urteil?'

‚Er hat den Tod verdient!', riefen sie.

Dann spuckten sie ihm ins Gesicht und schlugen ihn mit Fäusten. Andere gaben ihm Ohrfeigen und höhnten: ‚He, Christus, du versprochener Retter, du bist doch ein Prophet! Sag uns: Wie heißt der, der dich gerade schlug?'" *Matthäus 26,63–68*

„[Die führenden Priester] hielten ihm entgegen: ‚Wir haben ein Gesetz und nach diesem Gesetz muss er sterben, denn er hat sich zu Gottes Sohn erklärt.'"

Johannes 19,7

Sohn von Menschen oder Gottes Sohn?

Viele Menschen glauben, dass Jesus sich selbst nur für einen gewöhnlichen Menschen hielt, weil er in den Evangelien fast 50-mal von sich selbst als dem Menschensohn spricht. Deshalb sagen sie: „Da seht ihr es! Er hat sich selbst für einen normalen Menschen gehalten!"

Tatsächlich bezog sich Jesus bei diesen Aussagen aber auf eine Stelle im Alten Testament, auf Daniel 7, Verse 13 und 14. Dort wird der „Menschensohn" als eine göttliche Gestalt beschrieben, mit Macht, Ehre und Herrschaft, die von allen Menschen angebetet wird; ein Mann, der am Ende der Zeiten kommen wird, um die Menschheit zu richten und ewig zu herrschen.

„Deshalb", stellte der Theologe William Lane Craig fest, „ist der Anspruch, der Menschensohn zu sein, genau genommen die Behauptung, göttlich zu sein."

9. Blasphemie wird definiert als Beschimpfung bzw. Verhöhnung von Gott. Was veranlasste die religiösen Anführer der Juden dazu, Jesus der Blasphemie zu beschuldigen?

„Denn er empfing
von Gott, seinem Vater,
Ehre und Herrlichkeit –
damals, als Gott,
der die höchste Macht hat,
das Wort an ihn
ergehen ließ:
‚Dies ist mein Sohn,
ihm gilt meine Liebe,
ihn habe ich erwählt.'"

2. Petrus 1,17

10. Inwiefern deuten die folgenden Verse darauf hin, dass Jesus wirklich von sich behauptet hat, Gott zu sein?
Was meinen Sie: Glaubte Jesus tatsächlich, Gott zu sein? Erläutern Sie Ihre Antwort!

„Es war im Winter, als in Jerusalem das Fest zur Erinnerung an die Wiedereinweihung des Tempels gefeiert wurde. Jesus ging im Tempel in der Salomohalle umher. Da umringten ihn die Leute und fragten: ‚Wie lange willst du uns noch hinhalten? Sag es uns frei heraus: Bist du der versprochene Retter?'

Jesus antwortete: ‚Ich habe es euch schon gesagt, aber ihr wollt mir nicht glauben. Die Taten, die ich im Auftrag meines Vaters vollbringe, sprechen für mich. Aber ihr gehört nicht zu meinen Schafen, darum glaubt ihr mir nicht. Meine Schafe hören auf mich. Ich kenne sie und sie folgen mir. Ich gebe ihnen das ewige Leben und sie werden niemals umkommen. Niemand kann sie mir aus den Händen reißen, weil niemand sie aus den Händen meines Vaters reißen kann. Er schützt die, die er mir gegeben hat; denn er ist mächtiger als alle. Der Vater und ich sind untrennbar eins.'

Da hoben die Leute wieder Steine auf, um ihn zu töten. Jesus aber sagte zu ihnen: ‚Viele gute Taten habe ich vor euren Augen getan, die meine Verbundenheit mit dem Vater bezeugen. Für welche davon wollt ihr mich steinigen?'

Sie gaben ihm zur Antwort: ‚Wir steinigen dich nicht wegen einer guten Tat, sondern weil du ein Gotteslästerer

rer bist. Du bist nur ein Mensch und gibst dich als Gott aus.'"

Johannes 10,22–33

„Wenn Jesus Christus bloß ein Mensch ist – egal, was für ein wundervoller Mensch –, dann ist er ein Teil des Problems, nicht der Lösung."

Alistair McGrath (Theologe)

11. Jeder kann behaupten, er oder sie sei Gott. Aber Jesus überzeugte seine Jünger offensichtlich davon, dass er hinsichtlich seiner göttlichen Natur die Wahrheit sprach. Er erreichte dies durch die Wunder, die er vollbrachte (sowohl der jüdische Talmud als auch der islamische Koran geben zu, dass er übernatürliche Kräfte besaß); indem er ein Leben ohne Sünde führte (zwei seiner engsten Freunde, Johannes und Petrus, berichten beide, dass er moralisch vollkommen war. Vgl. 1. Johannes 3,5 und 1. Petrusbrief 2,22); indem er uralte messianische Weissagungen gegen alle mathematischen Wahrscheinlichkeiten erfüllte; und zuletzt durch seine Auferstehung von den Toten. Halten Sie diese Argumente für ausreichend, um zu beweisen, dass Jesus Mensch gewordener Gott war? Warum oder warum nicht?

„Entweder war – oder ist – dieser Mensch Gottes Sohn oder er war ein Narr oder Schlimmeres. Wir können ihn als Geisteskranken einsperren, wir können ihn verachten oder als Dämon töten. Oder wir können ihm zu Füßen fallen und ihn Herr und Gott nennen. Aber wir können ihn nicht mit gönnerhafter Herablassung als einen großen Lehrer der Menschheit bezeichnen. Das war nie seine Absicht; diese Möglichkeit hat er uns nicht offen gelassen."

C. S. Lewis
(englischer Literaturprofessor)

12. Kreuzen Sie im Folgenden Ihre Meinung an: Welche Aussage beschreibt für Sie derzeit am ehesten, wer Jesus wirklich war?
Erläutern Sie Ihre Entscheidung.
Jesus war …

- ○ … ein Geisteskranker, der dachte, er sei Gott.
- ○ … ein Dummkopf.
- ○ … ein guter Mann, der in Bezug auf seine Herkunft leicht verwirrt war.
- ○ … der Sohn Gottes (Gott in menschlicher Gestalt).
- ○ … ein Verbrecher, der es verdient hatte zu sterben.
- ○ … ein Prophet.
- ○ … ein gerechter Mann ohne Sünden.
- ○ … ein guter, aber nicht vollkommener Mann.
- ○ … ein weiser religiöser Lehrer.
- ○ … ein Lehrer, der andere in Bezug auf seine wahre Identität getäuscht hat.
- ○ … eine Legende – denn er hat nie gelebt.

13. Kreuzen Sie unten die Aussage(n) an, die Ihre derzeitige Meinung am besten wiedergeben. Teilen Sie den anderen Ihre Entscheidung mit und erläutern Sie Ihre Antwort.

- ○ Jesus hat es verdient zu sterben.
- ○ Jesus hat sich niemals falsch verhalten.
- ○ Jesus wurde verurteilt, weil er behauptet hatte, Gott zu sein, und weil er ein Königreich aufbauen wollte.
- ○ Jesus hat nie wirklich behauptet, Gott zu sein.
- ○ Ich weiß noch nicht so genau, was ich von Jesus halten soll.
- ○ Ich bin überzeugt, dass Jesus genau der war, der zu sein er behauptete: Gott in einem menschlichen Körper.
- ○ Jesus behauptete, Gott zu sein, aber ich bin sicher, man hat ihn bloß falsch verstanden.
- ○ Tragen Sie Ihre eigene Antwort hier ein:

____

____

____

____

____

____

____

____

„Jesus hat in Wort und
Tat deutlich gemacht:
Wenn man ihn kennt,
kennt man Gott,
wenn man ihn sieht,
sieht man Gott,
wenn man an ihn glaubt,
glaubt man an Gott,
wenn man ihn in sein
Leben aufnimmt,
nimmt man Gott auf,
wenn man ihn ehrt,
ehrt man Gott,
wenn man ihn ablehnt,
lehnt man Gott ab."

John Stott
(britischer Theologe)

Weiterführende Bibelstellen

- Matthäus 26,1–5.47–68
- Matthäus 27,11–31
- Markus 14,43–65
- Markus 15,1–15
- Lukas 22,66–71
- Lukas 23,1–25
- Johannes 14,6
- Johannes 19,1–16
- Johannes 18,19–24.28–40

Einheit 3

FAKT ODER FIKTION?

Wie ist es wirklich abgelaufen?

Wie ist es wirklich abgelaufen?

„Was wäre, wenn …?“

Diese Frage fordert unsere Vorstellungskraft heraus. „Was wäre, wenn …“, fragen sich Autoren und Regisseure und entwickeln dann eine Story, bei der oft die Grenzen zwischen Realität und Fantasie verschwimmen. Die Handlungsorte sind real, obwohl die Personen es nicht sind. Tatsächliche historische Ereignisse werden beschrieben, aber darin werden fiktive Motive und Konflikte eingewoben. Wir lassen uns gerne in solche Welten hineinziehen und sind bereit, eine andere Version der Realität zu akzeptieren.

Nehmen Sie zum Beispiel den Film „Titanic“ von James Cameron. Ein Drehbuchautor entwarf eine Geschichte – eine fiktive Romanze –, die als Handlung im Vordergrund steht. Gleichzeitig wurde das historische Schiff mit viel Liebe zum Detail nachgebaut, mit originalem Interieur, Geschirr, Deckenlampen, Dekorationen und so weiter. Die Liebesgeschichte zwischen Jack und Rose, um die es im Film hauptsächlich geht, ist also Fiktion, ein „Was wäre, wenn ...“ vor dem Hintergrund eines tragischen historischen Ereignisses. Die Frage, wie viel von dem Film wirklich der Wahrheit entspricht, bleibt für uns offen.

Eine anderes Beispiel ist der Film „JFK – Tatort Dallas“ von Oliver Stone. Viele warfen dem Regisseur vor, in seinem Film Vermutungen, Gerüchte und Halbwahrheiten mit der historischen Frage vermischt zu haben, wer den US-Präsidenten John F. Kennedy ermordet hat. Das Publikum wird letztlich darüber im Unklaren gelassen, wo im Film Spekulation und Verschwörungstheorien enden und wo der feste Boden der wirklichen Geschichte beginnt.

Wie ist das im Fall von „Die Passion Christi“? Haben sich die Ereignisse, an deren Ende Jesu Tod steht, wirklich so zugetragen? Wie viel von dieser Geschichte ist wahr und wie viel dazugedichtet? Die meisten von uns wissen ungefähr, was mit Jesus geschehen ist, aber wird der Film in bedeutenden Details nicht vielleicht doch von Spekulationen à la „Was wäre, wenn ...“ bestimmt?

Viele Autoren sind von den Eckdaten des Lebens Jesu ausgegangen, haben sich dann künstlerische Freiheiten genommen und ihrer Kreativität freien Lauf gelassen. Die Ergebnisse sind teils faszinierend, teils provozierend, teils kontrovers. In Musicals wie „Jesus Christ Superstar“ und „Godspell“ wird dem Zuschauer ein ganz anderer Jesus vor Augen geführt als in dem Film „Die letzte Versuchung Christi“

von Martin Scorcese oder in dem Roman „Sakrileg“ von Dan Brown. Was ist wirklich geschehen, was ist frei erfunden?

Es gibt Wege, das herauszufinden. Wenn wir uns für die Frage interessieren, welche Aspekte von „Titanic“ historisch wahr sind, dann könnten wir alte Aufzeichnungen über das Ereignis zu Rate ziehen, die zu einem Zeitpunkt entstanden sind, als sich noch keine Geschichten entwickelt haben konnten. Und wir könnten alte Fotos suchen, aus denen deutlich wird, ob die Requisiten im Film genauso aussahen wie damals in Wirklichkeit. Und wir könnten echte Passagierlisten auftreiben, um zu überprüfen, wer sich damals tatsächlich auf dem Schiff befand und wer vom Drehbuchautor hinzuerfunden wurde.

Genauso gibt es auch Möglichkeiten, die historische Zuverlässigkeit von „Die Passion Christi“ zu untersuchen. Indem wir uns die Primärquellen für den Film ansehen – die Evangelien im Neuen Testament der Bibel –, können wir herausfinden, ob die Personen und andere Details des Films mit den Aufzeichnungen des historischen Geschehens übereinstimmen.

Aber wir müssen noch weiter fragen: Selbst wenn der Film sich strikt an die biblische Vorlage hält – woher wissen wir, dass im Neuen Testament die historische Wahrheit berichtet wird und dort nicht vielmehr nur Märchen und Fabeln stehen? Immerhin wurde es schon vor fast 2 000 Jahren geschrieben. Das ist eine lange Zeit, um alle Details wirklichkeitsgetreu zu überliefern.

„Wenn man die Bibel ernst nehmen müsste, würde man verrückt werden. Aber wer die Bibel ernst nimmt, ist bereits verrückt.“

Aleister Crowley (Satanist)

„Ich erzähle die Geschichte so, wie sie in der Bibel steht. Die Evangelien sind Drehbücher, und danach richten wir uns bei dem Film ... Ich versuche, alles so authentisch zu gestalten, wie ich überhaupt nur kann."

Mel Gibson

Und überhaupt: War es die Absicht der Autoren, in der Bibel die historische Wahrheit zu erzählen, oder wollten sie einfach nur eine gute Story aufschreiben? Haben sie Behauptungen aufgestellt – wie die Göttlichkeit Jesu –, weil sie es selbst gerne so gehabt hätten? Ist es nicht auch möglich, dass die Autoren des Neues Testaments eine Runde „Was wäre, wenn . . ." gespielt haben? Wurde womöglich die Grenze zwischen Fakten und Fiktion mutwillig verwischt?

Jetzt sind Sie dran. Was wäre, wenn Sie selbst die Bibel untersuchen würden? Was wäre, wenn Sie selbst alles genau unter die Lupe nehmen würden, um herauszufinden, wie authentisch und verlässlich der Text ist? Stellen Sie sich vor, was passieren könnte. Sie könnten herausfinden, wie das mit der Passion Christi wirklich abgelaufen ist.

Grundlagen für das Gespräch

1. Was mögen Sie an Filmen, die auf wahren Geschichten beruhen, und was nicht? Haben Sie in diesem Genre einen Lieblingsfilm? Warum gefällt er Ihnen so gut?

2. Vergleichen Sie „Die Passion Christi“ mit dem, was Sie bereits über das Leben und Sterben Jesu Christi wussten. Was denken Sie: Welche Teile des Films beruhen auf Vermutungen und Spekulationen, welche Teile beruhen eher auf Fakten?

„Es ist,
wie es war.“

Papst Johannes Paul II.

3. Sind die in „Die Passion Christi“ dargestellten Ereignisse wirklich so geschehen? Tragen Sie Ihre Antwort in die unten stehende Skala ein. Erläutern Sie Ihre Antwort.

1	2	3	4	5	6	7	8	9	10
Ich bin ziemlich sicher, dass die meisten Ereignisse wirklich so geschehen sind.				Ich glaube, dass sich nur einige der dargestellten Geschehnisse wirklich so ereignet haben.				Ich bin mir nicht sicher, ob überhaupt etwas wirklich so geschehen ist, wie dargestellt.	

„Die primäre Bedeutung des hebräischen Wortes, das man gewöhnlich mit ‚Wahrheit' oder ‚wahr' übersetzt (wie zum Beispiel ‚der wahre Gott'), ist: ‚etwas, auf das man sich verlassen kann' oder ‚jemand, dem man vertrauen kann'. Bei der Wahrheit geht es nicht einfach nur darum, ob man Recht hat. Es geht um Verlässlichkeit. Es geht um Beziehungen. Wahrheit bezeichnet jemanden, der unser Vertrauen vollkommen verdient hat. Es geht nicht darum, möglichst viele Fakten zu untersuchen. Es geht darum, in eine Beziehung zu jemandem einzutreten, der uns trägt, der uns trösten kann."

Alister McGrath (Theologe)

Wahrheit, was ist das?

Kurze Zeit, bevor Jesus zum Tode verurteilt wurde, gab es einen persönlichen Augenblick zwischen Jesus und Pilatus, von dem in Johannes 18, Vers 37 berichtet wird. Pilatus fragte ihn: „Du bist also doch ein König?"

Jesus antwortete: „Ja, ich bin ein König. Ich wurde geboren und bin in die Welt gekommen, um die Wahrheit offenbar zu machen und als Zeuge für sie einzutreten. Wem es um die Wahrheit geht, der hört auf mich."

Woraufhin Pilatus nur noch eine Frage beschäftigte: „Wahrheit, was ist das?"

4. Wie würden Sie persönlich Pilatus' Frage nach der Wahrheit (siehe oben) beantworten?

5. Denken Sie, dass man wirklich sagen kann, was wahr ist und was nicht? Oder ist es unmöglich, Wahres von Falschem zu unterscheiden? Erläutern Sie Ihre Antwort.

6. Der deutsche Philosoph Friedrich Nietzsche sagte: „Es gibt keine Fakten. Alles ist Interpretation!“ Welche logischen Konsequenzen hätte dieser Satz, wenn Nietzsche Recht hätte? Ist seine Aussage selbst ein Fakt oder eine Interpretation?

7. Überlegen Sie, wann Sie das letzte Mal in der Zeitung, einer Zeitschrift oder im Internet eine beliebige Geschichte gelesen haben. Wovon hing es ab, dass Sie die Geschichte für wahr oder erfunden hielten?

8. Von welchen Umständen machen Sie in der Regel Ihre Entscheidung abhängig, ob Sie eine Geschichte glauben und sie für verlässlich halten?
Kreuzen Sie alle zutreffenden Aussagen an.

- O Die Verlässlichkeit und Integrität des Autors/der Autoren.
- O Das Medium, durch das ich mit der Geschichte in Kontakt gekommen bin.

„Ich habe mich oft gefragt, wie es gewesen sein muss, in den letzten Stunden vor Jesu Tod in seiner Umgebung zu sein. Nachdem ich den Film ‚Die Passion Christi‘ gesehen habe, hatte ich wirklich das Gefühl, dabei gewesen zu sein. Ich war zu Tränen gerührt. Ich bezweifle, dass es jemals eine bewegendere Darstellung vom Tod und der Auferstehung Jesu gegeben hat – von der die Christen glauben, dass es das bedeutendste Ereignis in der Geschichte der Menschheit ist.“

Billy Graham
(amerikanischer Evangelist)

„Wenn man die Bibel zitiert und sie als Beweisgrundlage für irgendetwas heranzieht, dann könnte man auch behaupten, die Sonne sei in Wirklichkeit ein feuriger Streitwagen, der über den Himmel fährt, nur weil es so in der griechischen Mythologie steht."

Stephen Ban

- Der persönliche Vorteil, den der Autor von seiner Geschichte ziehen könnte.
- Die persönlichen Interessen des Autors.
- Die Aussagen und Implikationen zwischen den Zeilen.
- Ob es noch andere „Zeugen" gibt, die die Geschichte bestätigen oder ihr widersprechen.
- Ob Details, die im Zusammenhang mit der Geschichte stehen, sich als wahr erweisen.
- Ob die Geschichte auch Details enthält, die ihrem Autor nicht gerade schmeicheln.
- Ob sich einzelne Teile der Geschichte widersprechen.
- Andere Umstände.

9. Glauben Sie, dass in der Bibel historisch zuverlässige Berichte darüber zu finden sind, was wirklich mit Jesus geschehen ist? Warum oder warum nicht?

Wie glaubwürdig ist ein Glaubensbekenntnis?

In einem der ersten Glaubensbekenntnisse, die je von Christen gesprochen wurden (es steht in 1. Korinther 15), heißt es: „Christus ist für unsere Sünden gestorben, wie es in den Heiligen Schriften vorausgesagt war." Anschließend wurde er begraben und am dritten Tag ist er wieder auferweckt worden. Gleich darauf werden Augenzeugen aufgelistet, unter denen sich auch ausdrückliche Skeptiker befinden, die ihn nach seiner Auferstehung gesehen haben. Bibelforscher datieren dieses Glaubensbekenntnis auf einen Zeitpunkt zwischen zwei und acht Jahren nach der Kreuzigung Jesu. Schenkt man der klassischen Historikerin A. N. Sherwin-White von der Universität in Oxford Glauben, dann ist diese Zeitspanne zu kurz, als dass sich Mythen und Legenden gebildet haben könnten, auf die man sich nicht verlassen darf.

10. Lesen Sie die oben stehenden Informationen über das Glaubensbekenntnis in 1. Korinther 15. Glauben Sie jetzt mehr oder weniger, dass die grundlegenden Aussagen des Christentums das Ergebnis einer Legendenbildung sind und von Wunschdenken herrühren? Erläutern Sie Ihre Antwort.

Wie verlässlich sind die Aussagen der Bibel?

Können wir uns auf die Aussagen, die die Bibel über Worte und Taten Jesu macht, verlassen? Viele Forscher stimmen darin überein, dass man sich auf die historischen Dokumente, aus denen das Neue Testament besteht, verlassen kann. Dafür nennen sie drei Gründe:

1. **Es handelt sich um frühe Texte.** Die Grundaussagen des christlichen Glaubens kommen bereits in Texten vor, die so kurze Zeit nach den historischen Ereignissen verfasst wurden, dass sie nicht erst auf Grund von Legendenbildung zustande gekommen sein können. Außerdem kursierten die Evangelien und auch die Briefe von Paulus bereits zu einer Zeit, als viele Zeitgenossen Jesu noch lebten. Wenn die Aussagen in den Schriften über Jesus deutlich übertrieben oder schlicht falsch gewesen wären, hätten sie sicherlich Einspruch erhoben.
2. **Die Texte sind auf die Aussagen von Augenzeugen gegründet.** Im Neuen Testament sind Berichte enthalten, deren Inhalt bis zu den Jüngern Matthäus, Johannes und Petrus zurückverfolgt werden kann. Einige gehen auf Jakobus und Paulus zurück, beides Skeptiker, die erst nach einer Begegnung mit dem auferstandenen Christus zum Glauben kamen. Andere auf Johannes Markus, einen Freund und Begleiter des Augenzeugen Petrus. Und schließlich gibt es Lukas, einen engen Freund von Paulus und eine Art gewissenhafter

Journalist des ersten Jahrhunderts. Petrus schrieb: „Wir haben doch keine schönen Märchen erzählt, als wir euch von der Macht unseres Herrn Jesus Christus und von seinem Erscheinen berichteten. Mit unseren eigenen Augen haben wir ihn in seiner ganzen Größe und Herrlichkeit ja selbst schon gesehen" (2. Petrus 1,16; Hoffnung für alle).

3. **Die Texte haben das Gütesiegel der Historiker.** Archäologen haben wiederholt festgestellt, dass Lukas, der ungefähr ein Viertel des Neuen Testaments verfasst hat, ein sorgfältiger und präziser Historiker war. Außerdem enthalten die Evangelien viele schwer zu verstehende Aussagen Jesu und anderes Material, das für die Jünger ziemlich peinlich ist: Sie werden als Feiglinge, Ungläubige und Unverständige dargestellt. Wenn jemand ein edles Bild von den ersten Christen hätte zeichnen wollen, hätte er diese Passagen beim Abschreiben mit Sicherheit weggelassen. Schließlich gibt der zeitgenössische Philosoph und Theologe Gary Habermas in seinem Buch *The Historical Jesus* nicht weniger als 39 antike, nichtchristliche und außerbiblische Quellen an, die von Jesus berichten. In diesen Quellen sind mehr als 100 Fakten über das Leben Jesu, seine Lehre, seine Kreuzigung und die Auferstehung überliefert.

11. Welche Bedeutung haben die oben angeführten Überlegungen für die Glaubwürdigkeit der Überlieferung, die heute im Neuen Testament vorliegt?
Erläutern Sie Ihre Antwort.

12. Markieren Sie auf der unten stehenden Skala, welcher Aussage Sie am ehesten zustimmen können. Welche Gründe haben Sie für Ihre Entscheidung?

1	2	3	4	5	6	7	8	9	10

Die Bibel ist voller Mythen und Fabeln.

In der Bibel vermischen sich Fakten und Fiktionen.

Auf die Bibel ist zu 100 Prozent Verlass.

13. Kreuzen Sie die Aussagen an, die Ihre Meinung im Moment am besten widerspiegeln. Teilen Sie Ihre Einschätzung mit der restlichen Gruppe und erläutern Sie Ihre Antwort.

- ○ Ich bin nicht davon überzeugt, dass die Bibel angemessen beschreibt, was wirklich passiert ist.
- ○ Ich glaube, dass die Bibel eine Mischung aus historischen Fakten und erdachten Fabeln ist.
- ○ Ich vertraue der Bibel größtenteils, habe aber immer noch meine Zweifel.
- ○ Ich bin sicher, dass die Bibel in ihren historischen Aussagen absolut verlässlich ist.
- ○ Ich weiß nicht, was ich denken soll, aber ich würde gerne mehr über das Thema erfahren.
- ○ Ich glaube, dass die Bibel eine mythische Erzählung ist, die sich einfache Menschen in einer bestimmten Absicht ausgedacht haben.
- ○ Ich denke, die Bibel entspringt dem Wunschdenken einiger durchaus ernsthafter Menschen.
- ○ Tragen Sie Ihre eigene Antwort hier ein:

____

____

____

____

____

„Historisch gesehen ist es ziemlich zweifelhaft, ob Jesus überhaupt existiert hat, und selbst wenn, wüssten wir nichts über ihn.“

Bertrand Russell (englischer Philosoph und Atheist)

Jesus in außerbiblischen Zeugnissen

Was wissen wir über Jesus, wenn wir uns nur auf Quellen außerhalb der Bibel verlassen? Eine ganze Menge, behauptet der Historiker Edwin Yamauchi von der Universität in Miami:

„Wir wissen erstens, dass Jesus ein jüdischer Lehrer war. Zweitens glaubten viele Menschen, er könne Kranke heilen und Dämonen austreiben. Drittens glaubten einige Menschen, er sei der Messias. Viertens wurde er von den Führern der Juden abgelehnt. Fünftens wurde er unter Pontius Pilatus gekreuzigt, als Tiberius Kaiser von Rom war. Sechstens verbreiteten sich seine Anhänger, die trotz seines schmachvollen Todes glaubten, er sei noch immer am Leben, weit über die Grenzen Palästinas hinaus, sodass es im Jahre 64 in Rom sehr viele von ihnen gab. Und siebtens: Alle möglichen Menschen auf dem Land und in den Städten – Männer, Frauen, Freie und Sklaven – beteten ihn als Gott an.“

Weiterführende Bibelstellen

- 1. Korinther 15,3–8
- 2. Timotheus 3,16
- Hebräer 4,12
- 2. Petrus 1,16–18
- 1. Johannes 1,1–3

Niemand stirbt für eine Lüge

Man sagt, dass Menschen bereit seien, für ihre religiösen Überzeugungen zu sterben, solange sie glauben, dass diese Überzeugungen wahr sind. Aber sie sind nicht bereit zu sterben, wenn sie wissen, dass ihre Überzeugungen falsch sind. In der Geschichte des Christentums wurden immer wieder Menschen wegen ihres Glaubens umgebracht. Aber die Jünger Jesu waren in der einmaligen Position, sicher zu wissen, ob Jesus tatsächlich von den Toten auferstanden ist. Sie waren bereit, Folter über sich ergehen zu lassen und sogar getötet zu werden. Aber sie schworen niemals der Überzeugung ab, dass Jesus der eine Sohn Gottes ist, dessen Göttlichkeit durch die Auferstehung bewiesen ist. Und, wie Josh McDowell es ausdrückt, niemand stirbt für eine Lüge.

Einheit 4

WAR DER GERECHTIGKEIT GENÜGE GETAN?

Warum musste Jesus leiden und sterben?

Leben ohne ein Ziel, ohne eine Vision ist leer, wertlos, hoffnungslos. Rick Warren drückt dies folgendermaßen aus: „Die größte Tragödie im Leben ist nicht der Tod, sondern ein Leben ohne Sinn und Ziel."

Warren hilft uns zu verstehen, dass das eigentliche Ziel für unser Leben nur von Gott kommen kann. „Das Ziel Ihres Lebens zu kennen gibt Ihrem Leben erst einen Sinn. Wenn das Leben einen Sinn hat, kann man fast alles aushalten – ohne Sinn wird alles schnell unerträglich."

Es gibt wenige Dinge, die schlimmer sind, als wenn jemand sein Leben auf Grund eines sinnlosen Unglücks verliert. Im Gegenzug tröstet es uns zu wissen, dass jemand sein Leben für eine gute und edle Sache geopfert hat.

Wenn ein militärischer Befehlshaber die Eltern besucht, deren Kind unter seinem Kommando ums

Leben kam, versucht er, ihnen klar zu machen, dass ihr Sohn oder ihre Tochter nicht umsonst gestorben ist. Er wird ihnen erklären, dass dadurch einem Kameraden das Leben gerettet oder ein Dorf aus der Gewalt des Gegners befreit wurde oder dass es letztlich dazu beigetragen hat, einen blutdürstigen Tyrannen zu verjagen. In der Gewissheit, dass der Tod nicht sinnlos war, steckt ein großer Trost.

Hatte das Leben Jesu – und sein Tod – irgendeinen Sinn? Welchem Ziel diente dieser furchtbare Mord? Warum musste Jesus leiden und sterben?

Im Garten Getsemani, einen Steinwurf von seinen Jüngern entfernt, kniete Jesus nieder und betete. Seine Worte zeugen von einem harten inneren Kampf: „Mein Vater, wenn es möglich ist, erspare es mir, diesen Kelch trinken zu müssen!“ Lässt sich noch verhindern, was vor ihm liegt? Gibt es eine Alternative zu diesem schrecklichen Plan?

Aber sein Vater würde ihn nicht umsonst sterben lassen. Jesus gab sich Gottes Führung ganz hin und betete: „Es soll geschehen, was du willst, nicht, was ich will.“ Seine Worte besiegelten sein Schicksal. Der Plan wurde umgesetzt. Judas verriet ihn mit einem Kuss, und es folgte ein grausamer Reigen von Schmerz und Leid – eine unmenschliche Orgie nackter Gewalt.

Brutale Soldaten peitschten ihn in der Gier nach Blut aus, die geifernde Masse ließ ihn schmerzhaft ihre Verachtung spüren, eine Dornenkrone durchbohrte die Haut auf seinem Schädel. Aber damit nicht genug. Man schlug ihm lange Nägel durch Hände und Füße. Unvorstellbar qualvoll sind die Martern des langsamen Sterbens am Kreuz – der Tod durch Ersticken kommt erst am fernen Ende einer entsetzlichen Pein.

Blut schwitzen?

Skeptiker verweisen oft höhnisch auf eine Stelle in der Bibel, an der es heißt, Jesus habe während des Betens im Garten Getsemani vor der Kreuzigung Blut geschwitzt. Sie rechnen diese dramatische Ausmalung des Geschehens der blühenden Fantasie der Verfasser der Evangelien zu.

Ein Experte für die Kreuzigung, Dr. Alexander Metherell, stellt allerdings klar, dass dieses Phänomen als Hämhidrose im Zusammenhang mit hochgradigem Stress durchaus bekannt ist.

„Schwere Todesangst führt dazu, dass bestimmte chemische Stoffe freigesetzt werden, was das Platzen der Kapillare in den Schweißdrüsen zur Folge hat. Das wiederum bewirkt, dass kleine Mengen Blut in die Schweißdrüsen gelangen, die zusammen mit dem Schweiß abgesondert werden."

Das hat noch einen anderen Effekt: „Dadurch war auch seine Haut extrem sensibel. Als Jesus ausgepeitscht wurde, trafen die Schläge einen außerordentlich empfindlichen Körper."

Jesus hing aufrecht an seinen ans Holz genagelten Händen. Dadurch wurde der Brustkorb nach außen gezogen, sodass die Lunge dauerhaft mit Luft gefüllt war, ohne dass er normal hätte atmen können. Um auszuatmen, musste er sich nach oben stemmen und den Brustkorb entspannen. Der Nagel in den Füßen zerriss ihm dabei den Spann, sein blutig geschlagener Rücken scheuerte am rauen Holz des senkrechten Balkens entlang. Nun konnte er endlich ausatmen, sich wieder fallen lassen und dadurch automatisch erneut Luft holen.

Schließlich setzte sich die Erschöpfung durch. Seine Atmung verlangsamte sich. Durch den Sauerstoffmangel stieg der Säuregrad seines Blutes. Sein Herz schlug nur noch unregelmäßig. Als an diesem Punkt der Tod unmittelbar bevorstand, sagte er: „Vater, ich gebe mein Leben in deine Hände!" Dann starb er, als sein Herz den Dienst versagte. Ein gebrochenes Herz, buchstäblich.

Demütigung, Folter, Tod. Sah so Gottes Plan für ein vollkommenes Leben aus? War alles, was mit Jesus geschehen war, genau so verlaufen, wie Gott es gewollt hatte? Jede Ohrfeige, jeder Peitschenschlag, jeder verächtliche Tritt? Die Beleidigungen und Beschimpfungen? Jeder einzelne Nagel? So viel vergossenes Blut?

Gab es denn keinen anderen Weg, seinen göttlichen Willen durchzusetzen? Und wenn nicht – musste das Leid denn *so* furchtbar sein? Es scheint nicht besonders viel Sinn zu machen. Aus solch großem Übel kann mit Sicherheit nichts Gutes kommen. Jesus hat einfach zu sehr gelitten.

Warum musste Jesus diesen Weg gehen? Welchem Sinn und Ziel, wenn es denn so etwas gab, diente sein Tod? Was um alles in der Welt hat Gott sich dabei gedacht?

Grundlagen für das Gespräch

1. „Leben ohne ein Ziel, ohne eine Vision ist leer, wertlos, hoffnungslos."
Können Sie dieser These zustimmen?
Erläutern Sie Ihre Meinung.

2. Wie haben Sie persönlich auf die bildliche Darstellung der Kreuzigung in „Die Passion Christi" reagiert?
Hatten Sie das Gefühl, der Film schildere die Szene zu anschaulich?
Warum oder warum nicht?

„Was ich suche, ist ein tieferes Verständnis des [Leidens Christi] ... Das Publikum muss mitleiden, um es zu verstehen. Ich finde, wir haben uns zu sehr daran gewöhnt, hübsche Kreuze an den Wänden zu sehen, und wir haben vergessen, was wirklich passiert ist. Wir wissen theoretisch, dass Jesus gelitten hat und starb, aber wir begreifen nicht wirklich, was das bedeutet. Hey, ich habe es auch nicht begriffen, als ich aufwuchs! Die schreckliche Wahrheit darüber, was Jesus als Preis für unsere Erlösung durchgemacht hat, berührte mich noch nicht so wie heute. Aber wenn man letztendlich sieht und versteht, durch welche Hölle er gehen musste, weckt das nicht nur Mitleid, sondern auch das Gefühl, in seiner Schuld zu stehen. Man möchte ihm für sein enormes Opfer etwas zurückgeben. Man will ihn im Gegenzug von Herzen lieben."

Mel Gibson

3. „Die Passion Christi" ist ein für den Zuschauer emotional sehr anstrengender Film – entsprechend der unheimlichen Qualen, die Jesus erleiden musste. Welche Szene tat Ihnen innerlich am meisten weh? Was war für Jesus vermutlich das Schmerzhafteste?

4. Wie würden Sie sich den Soldaten gegenüber verhalten, wenn Sie von ihnen verspottet, gedemütigt und gequält würden, wie Jesus es erlebt hat?

5. Wenn wir annehmen, dass Gott die absolute Kontrolle über alles hat, was geschieht – warum, denken Sie, hat er es dann zugelassen, dass Jesus einen so schrecklichen Tod erlitt?

6. Was ist wahrscheinlich der Grund dafür, dass Jesus inmitten seines Todeskampfes noch betete: „Vater, vergib ihnen“? Wären Sie in der Lage, das Gleiche zu tun? Warum oder warum nicht?

„Christus hat anderen selbst dann noch vergeben, als er gefoltert und umgebracht wurde. Das ist ein Zeugnis vollkommener Liebe.“

Mel Gibson

7. Was ist Ihrer Meinung nach letztlich der Grund dafür, dass Jesus Christus auf diese Welt gekommen ist?

„Jeder liebende Vater würde zu seinem kranken Kind sagen: ‚Ich werde alles tun, damit du wieder gesund wirst.‘ Gott sagt es nicht nur, sondern er handelt auch. Jesus Christus ist, was er tut – und das Kreuz [ist] der Ort, an dem er es tut.“

Frederick Buechner (Theologe und Pulitzerpreis-Gewinner)

Geboren, um zu sterben

Es gibt keinen Zweifel daran, dass Jesus einen Auftrag ausführte, als er auf der Erde lebte – eine Mission, die nur er erfüllen konnte. Der ganze Sinn seines Daseins lag darin, sein Leben zu geben, damit wir leben können. Wichtiger als seine Lehre, wichtiger als sein moralisch vollkommenes Leben ist, dass er Gottes Rettungsring für diese Welt war. Lesen Sie die folgenden Verse, und achten Sie darauf, wie eindeutig in der Bibel von seiner Mission die Rede ist:

„Jesus nahm die Zwölf beiseite und sagte zu ihnen: ‚Hört zu! Wir gehen nach Jerusalem. Dort wird alles in Erfüllung gehen, was die Propheten über den Menschensohn geschrieben haben: Er wird den Fremden ausgeliefert werden, die Gott nicht kennen. Er wird verspottet und beleidigt und angespuckt werden. Sie werden ihn auspeitschen und töten, doch am dritten Tag wird er auferstehen.'"

Lukas 18,31–33

„In Wahrheit aber hat er die Krankheiten auf sich genommen, die für uns bestimmt waren, und die Schmerzen erlitten, die wir verdient hatten. Wir meinten, Gott habe ihn gestraft und geschlagen; doch wegen unserer Schuld wurde er gequält und wegen unseres Ungehorsams geschlagen. Die Strafe für unsere Schuld traf ihn und wir sind gerettet. Er wurde verwundet und wir sind heil geworden. Wir alle waren wie Schafe, die sich verlaufen haben; jeder ging seinen eigenen Weg. Ihm aber hat der Herr unsere ganze Schuld aufgeladen."

Jesaja 53,4–6
(eine Beschreibung der Kreuzigung,
die 600 Jahre im Voraus *verfasst wurde!*)

„Auch der Menschensohn ist nicht gekommen, um sich bedienen zu lassen, sondern um zu dienen und sein Leben als Lösegeld für alle Menschen hinzugeben."

Matthäus 20,28

„Durch seinen Tod hat [Jesus Christus] Sühne für unsere Schuld geleistet, ja sogar für die Schuld der ganzen Welt."

1. Johannes 2,2

„Durch dessen Blut sind wir erlöst: Unsere ganze Schuld ist uns vergeben. So zeigte Gott uns den Reichtum seiner Gnade. In seiner überströmenden Güte schenkte er uns Einsicht und ließ uns seine Wege erkennen."

Epheser 1,7–8

„Das Einzigartige an dieser Liebe ist: Nicht wir haben Gott geliebt, sondern er hat uns geliebt. Er hat seinen Sohn gesandt, damit er durch seinen Tod Sühne leiste für unsere Schuld."

1. Johannes 4,10

8. Jesus starb keinen zufälligen Tod; es steckte eine tiefere Absicht dahinter, ein göttlicher Plan. Was sagen die oben stehenden Bibelverse Ihrer Ansicht nach darüber aus, welches höhere Ziel mit dem Tod Jesu verfolgt wurde? Halten Sie diese Lehre für richtig?
Warum oder warum nicht?

9. Wie kann es möglich sein, dass Jesus durch seinen Tod „Sühne für unsere Schuld geleistet" hat?

„Wie konnte Gott zulassen, [dass sein Sohn geopfert wurde] ...? Die verstörte kleine Schar seiner Anhänger fand eine beängstigend absurde Antwort auf diese Frage: Gott gab seinen Sohn als Opfer zur Vergebung ... Um Schuld zu tilgen, musste jemand geopfert werden, und zwar auf die abstoßendste und barbarischste Weise – ein unschuldiges Opfer tilgt die Sünden der Schuldigen! Was für ein entsetzliches Heidentum!"

Friedrich Nietzsche
(deutscher Philosoph)

„Wenn der Tod Christi am Kreuz der wahre Sinn hinter der Menschwerdung Gottes ist, dann gibt es kein Evangelium ohne das Kreuz. Weihnachten allein ist noch kein Evangelium. Das Leben Jesu alleine ist noch kein Evangelium. Selbst die Auferstehung, so wichtig sie insgesamt auch sein mag, ist für sich genommen noch kein Evangelium. Denn die frohe Botschaft ist weder, dass Gott Mensch wurde, noch dass Gott uns offenbart hat, wie gelingendes Leben funktioniert, noch dass der Tod, der große Feind, überwunden ist. Sondern die frohe Botschaft ist, dass etwas mit der Sünde geschehen ist (was die Auferstehung beweist); dass Jesus stellvertretend für uns die Strafe für unsere Sünden erlitten hat, damit wir die Strafe nicht tragen müssen; und dass dadurch alle, die an ihn glauben, eine Zukunft im Himmel haben."

James Montgomery Boice (Theologe)

10. Stimmen Sie der folgenden Aussage zu oder lehnen Sie sie ab? Begründen Sie Ihre Antwort.

Wenn es für uns einen anderen Weg gäbe, zu Gott zu kommen, dann wäre Jesus umsonst gestorben. Aber er starb um unsretwillen, weil er als Einziger würdig war, all unsere Sünden zu sühnen. Jede andere Behauptung wäre eine Verhöhnung seines Todes.

11. Angenommen, es ist wahr, dass Jesus sterben musste, um für all unsere Sünden zu sühnen (die Strafe dafür auf sich zu nehmen), womit ist dann die Schwere seines Leidens zu erklären? Mit anderen Worten: Gab es einen Grund für den brutalen und qualvollen Tod am Kreuz? Hätte es nicht auch ein schneller und schmerzloser Tod sein können? Erläutern Sie Ihre Überlegungen.

12. Lesen Sie den folgenden Vers. Wären Sie bereit, für das Wohl eines anderen zu leiden? Für wen und warum? Was wäre nötig, damit Sie stellvertretend für einen anderen Menschen Folter auf sich nähmen?

„Diese Liebe zeigt sich darin, dass Christus sein Leben für uns hingegeben hat. Zur rechten Zeit, als wir noch in der Gewalt der Sünde waren, ist er für uns gottlose Menschen gestorben. Nun wird sich kaum jemand finden, der für einen Gerechten stirbt; allenfalls opfert sich jemand für einen Wohltäter. Wie sehr Gott uns liebt, beweist er uns damit, dass Christus für uns starb, als wir noch Sünder waren."

Römer 5,6–8

13. Wie fühlen Sie sich bei der Vorstellung, dass Jesus den Preis für alle Sünden – einschließlich Ihrer – gezahlt hat und dass er für Sie gestorben ist?

„Am Kreuz erkennen wir die Schwere unserer Sünde und die Größe der Liebe Gottes zu uns."

Johannes Chrysostomos (Bischof und Prediger des 4. Jahrhunderts)

„Niemand liebt mehr
als einer,
der sein Leben
für die Freunde hingibt."

Johannes 15,13
(Hoffnung für alle)

14. Gehen Sie die unten stehenden Aussagen durch, und kreuzen Sie an, welche Ihrem derzeitigen Standpunkt am ehesten entsprechen. Teilen Sie der Gruppe Ihre Auswahl mit und erläutern Sie Ihre Antworten.

- ○ Ich bin nicht davon überzeugt, dass Jesus sterben musste, damit Gott uns unsere Sünden vergeben konnte.
- ○ Ich bin mir noch nicht sicher, was der Tod Jesu überhaupt bedeutet.
- ○ Ich denke, es stimmt, dass Jesus für mich gestorben ist, aber ich verstehe es nicht.
- ○ Ich bin sicher, dass Jesus für mich gestorben ist.
- ○ Ich verstehe, was in der Bibel über die Bedeutung des Todes Jesu ausgesagt wird, aber ich kaufe es ihr nicht ab.
- ○ Es scheint mir ziemlich grausam von Gott zu sein, dass er seinen Sohn so leiden lässt!
- ○ Ich verstehe nicht, wie der Tod eines Einzelnen alle Sünden aller Menschen zu allen Zeiten sühnen kann.
- ○ Tragen Sie Ihre eigene Antwort hier ein:

____

____

____

____

____

Weiterführende Bibelstellen:

- Jesaja 53,10–12
- Hebräer 2,9–10.17–18
- Hebräer 5,7–10
- 1. Korinther 15,3
- Hebräer 10,12
- Hebräer 9,22.27–28
- Lukas 19,10

Einheit 5

Den Tod überwunden?

Was wurde mit Jesu Auferstehung erreicht?

Mächtige Donnerschläge brechen wie gigantische Peitschenhiebe vom Himmel herab. Die Erde zittert und bebt und windet sich wie eine Besessene. Wie von einer unsichtbaren Hand zerreißt es den Vorhang im Tempel von oben bis unten. Ein zu Tode geängstigter Soldat ruft furchterfüllt: „Er war wirklich Gottes Sohn!" Ein gespenstisches Dunkel breitet sich wie ein Leichentuch über die endzeitliche Szenerie, eine Grabesstille greift um sich …

… aber nur für einen bleibt es wirklich still. Für den einen, der seinen letzten Atemzug getan hat. Für ihn ist alles vorüber. Es ist endlich alles vorbei. Das Chaos verblasst. Die geifernde Menge zerstreut sich. Die Erde wird ruhig.

Stille.

Schweigen.

Ein frisches, sauberes Leintuch, ein neu angelegtes Grab in einem ruhigen Garten, ein großer

„Am nächsten Tag […] kamen die führenden Priester und die Pharisäer miteinander zu Pilatus und sagten: ‚Herr, uns ist eingefallen, dass dieser Schwindler, als er noch lebte, behauptet hat: »Nach drei Tagen werde ich vom Tod auferweckt werden.« Gib deshalb Anweisung, das Grab bis zum dritten Tag zu bewachen! Sonst könnten seine Jünger kommen, die Leiche stehlen und dann dem Volk erzählen: »Er ist vom Tod auferweckt worden.« Dieser letzte Betrug wäre dann noch schlimmer als alles andere vorher.' ‚Da habt ihr eine Wache', sagte Pilatus. ‚Geht und sichert das Grab, so gut ihr könnt.' Sie gingen also zum Grab und versiegelten den Stein, der den Eingang zur Grabkammer verschloss. Die Wache half ihnen dabei und blieb am Grab zurück."

Matthäus 27,62–66

Stein. Der Sabbat lädt alle, die ihn achten, ein, zur Ruhe zu kommen. Für Jesus ist es die letzte Ruhe. Die Schmerzen, das Leid, der Spott und der Hohn sind überstanden. Keine Peitsche zerfetzt ihm mehr den Rücken oder das Gesicht. Keine Schläge mehr, keine Verletzungen. Die Strafe ist vollzogen worden, das Urteil vollstreckt. Die Schuld gegenüber der Gesellschaft ist bezahlt. Es ist vollbracht. Es ist vorbei.

Oder?

Am frühen Morgen des ersten Tages der neuen Woche sucht Maria Magdalena mit einigen anderen Frauen das Grab auf. *Aber halt.* Der Stein ist weggerollt. Das Leintuch umhüllt keinen Körper mehr, das Totenhemd ist säuberlich zusammengelegt. Das Grab . . . ist leer!

Der Tote ist weg – er ist nicht mehr da! Zwei Männer in strahlend hellen Gewändern kommen auf die vor Furcht zitternden Frauen zu. „Was sucht ihr den Lebenden bei den Toten? Er ist nicht hier; Gott hat ihn vom Tod auferweckt!"

Auferweckt?

Sie eilen zu den Jüngern, um diesen zu erzählen, was sie gesehen haben. Gott hat ihn auferweckt – er lebt! –, genau, wie er es vorhergesagt hatte. Petrus und Johannes laufen schnell zum Grab und finden es genau so vor, wie die Frauen es beschrieben haben: leer. Jesus ist verschwunden!

Aber wo ist er?

Jesus taucht überall auf. Er verbringt Zeit mit Maria, mit zwei anderen auf dem Weg nach Emmaus und dann mit Petrus und den übrigen Jüngern.

Schließlich erscheint er sogar einer Gruppe von 500 Menschen auf einmal. Er bereitet das Frühstück für seine Freunde vor. Er redet mit ihnen. Er isst etwas von ihrem Fisch. Er ist eindeutig am Leben. Und noch immer fragen sie sich: „Ist es wirklich wahr?"

„Warum seid ihr so erschrocken? Warum kommen euch solche Gedanken?", fragt er sie. „Schaut mich doch an, meine Hände, meine Füße, dann erkennt ihr, dass ich es wirklich bin! Fasst mich an und überzeugt euch; ein Geist hat doch nicht Fleisch und Knochen wie ich!" Es fällt ihnen in ihrer Freude und Verwunderung immer noch schwer, ihm zu glauben. *Das kann nicht wahr sein ... oder etwa doch? Kann er wirklich und wahrhaftig am Leben sein?*

Ja, er ist es! Keine Frage, das ist eindeutig er. Die Wunden der Kreuzigung sind immer noch deutlich sichtbar: die Löcher durch die Nägel an Händen und Füßen, die Wunde in der Seite. Wie kann er nach all dem, was geschehen ist, noch lebendig sein? Wie kann er herumlaufen, mit Menschen reden, gebratenen Fisch essen?

Er lädt Thomas, den Zweifler, ausdrücklich ein: „Leg deinen Finger hierher und sieh dir meine Hände an! Streck deine Hand aus und lege sie in meine Seitenwunde! Hör auf zu zweifeln und glaube!"

„Christus verwandelt unser Abendrot in einen neuen Sonnenaufgang."

Clemens von Alexandria (Theologe des 2. Jahrhunderts)

Thomas tut es. Der Zweifler sieht sich die Hände des Auferstandenen an – und glaubt. „Mein Herr und mein Gott!", ruft Thomas. Er ist endlich davon überzeugt, dass er vor Jesus steht, den er gesehen hat, als dieser am Kreuz hing, als er starb, als er begraben wurde. Er stand vor Jesus, der am dritten Tage auferstanden ist – genau, wie er es vorhergesagt hatte. Hier ist er, geheilt, wenn man auch seine Narben noch sieht. Hier steht er, lebendig, für alle sichtbar.

Der tote Held kehrt ins Leben zurück. Das ist doch ein fantastischer Schluss für ein Drehbuch! Alle waren erleichtert. Zumindest Jesus und seine Freunde waren es. Und darum geht es doch, oder? Ende gut, alles gut. Wir schlagen das Buch zu, legen es beiseite und gehen wieder zurück in unseren Alltag.

Oder?

Grundlagen für das Gespräch

1. Wenn Sie die Story von Jesus schreiben würden, könnten Sie sich auch ein anderes Ende vorstellen?

2. Glauben Sie an ein Leben nach dem Tod? Warum oder warum nicht? Womit begründen Sie Ihre Ansicht?

„Ist es wahrscheinlicher, dass die Natur gegen ihre eigenen Gesetze verstößt oder dass ein Mensch lügt? Wir haben, solange wir leben, noch kein einziges Mal eine Verletzung der Naturgesetze gesehen; aber wir haben guten Grund, anzunehmen, dass in der gleichen Zeit Millionen von Lügen erzählt wurden. Deshalb stehen die Chancen mindestens eine Million zu eins, dass derjenige, der von einem Wunder berichtet, lügt.“

Thomas Paine (amerikanischer Politiker des 19. Jahrhunderts)

3. War das Ende von „Die Passion Christi“ so, wie Sie es erwartet haben? Erläutern Sie Ihre Antwort. Was denken Sie, wie weit das Ende des Films mit den Berichten übereinstimmt, die wir in der Bibel nachlesen können?

4. Was hat Ihnen an der Darstellung der Auferstehung im Film gefallen, was nicht? Wie haben Sie sich gefühlt, als Sie Jesus wieder lebendig gesehen haben?

5. Warum wurde Jesus in der letzten Szene noch einmal lebendig und wohlauf gezeigt? Welche Bedeutung hat diese Szene?

„Die Auferstehung beweist, dass die Kreuzigung keine Niederlage, sondern ein Teil des göttlichen Plans war ... Es war eine höhere Gewalt, die Jesu Anspruch auf seine Göttlichkeit Recht gab.“

William Lane Craig (zeitgenössischer Philosoph und Theologe)

6. Tragen Sie auf der unten stehenden Skala ein, wie sicher Sie sind, dass die Auferstehung wirklich stattgefunden hat.
Erläutern Sie Ihre Antwort.

1	2	3	4	5	6	7	8	9	10
Ich bin ganz sicher, dass die Auferstehung nie stattgefunden hat.				Ich bin mir nicht sicher, ob die Auferstehung stattgefunden hat.				Ich bin ganz sicher, dass die Auferstehung stattgefunden hat.	

7. Macht es irgendeinen Unterschied, ob Jesus von den Toten auferstanden ist? Warum oder warum nicht? Wenn Jesu Tod nicht endgültig war, welche Bedeutung hat das für Ihr Leben?

8. Lesen Sie die unten stehenden Bibelverse. Welches Ziel scheint mit der Auferstehung Jesu erreicht worden zu sein? Was sagt die Auferstehung über die Fähigkeit Jesu aus, den Tod zu überwinden? Die Sünden zu vergeben?

„Ihr Männer von Israel, hört, was ich euch zu sagen habe! Jesus von Nazaret wurde von Gott bestätigt durch die machtvollen und Staunen erregenden Wunder, die

„Die ersten Christen lebten nicht nur nach der Lehre Jesu. Sie waren auch davon überzeugt, ihn nach seiner Kreuzigung lebendig gesehen zu haben. Das veränderte ihr Leben, das wurde zum Fundament der Kirche. Es war das Kernstück ihrer Überzeugung, und sie sind ganz sichergegangen, dass es sich nicht um eine Lüge handelte."

Gary Habermas (zeitgenössischer Philosoph und Theologe)

Gott durch ihn unter euch vollbracht hat; ihr wisst es selbst. Den habt ihr durch Menschen, die das Gesetz Gottes nicht kennen, ans Kreuz schlagen und töten lassen. So hatte Gott es nach seinem Plan im Voraus bestimmt. Und genau den hat Gott aus der Gewalt des Todes befreit und zum Leben erweckt; denn der Tod konnte ihn unmöglich gefangen halten."

Apostelgeschichte 2,22–24

„Vergesst nicht, wie viel Christus für uns leiden musste! Er, der frei von jeder Schuld war, starb für uns schuldige Menschen, und zwar ein für alle Mal. So hat er uns zu Gott geführt; sein Körper wurde am Kreuz getötet, der Geist Gottes aber erweckte ihn zu neuem Leben."

1. Petrus 3,18 (Hoffnung für alle)

„Hab keine Angst! Ich bin der Erste und der Letzte. Ich bin der Lebendige! Ich war tot, doch nun lebe ich in alle Ewigkeit. Ich habe Macht über den Tod und die Totenwelt."

Offenbarung 1,17–18

9. Lesen Sie den folgenden Abschnitt aus dem 1. Korinther-Brief. Stimmen Sie Paulus zu, wenn er sagt, dass der christliche Glaube mit der Auferstehung steht und fällt?
Warum oder warum nicht?

„Ohne einen verlässlichen Beweis dafür, dass das Grab Jesu wirklich leer war, hätte die frühe christliche Gemeinde in Jerusalem mit der Behauptung, Christus sei auferstanden, nicht überleben können."

Wolfhard Pannenberg (zeitgenössischer Theologe)

„Und wenn Christus nicht auferweckt worden ist, dann hat weder unsere Verkündigung einen Sinn noch euer Glaube. Wir wären dann als falsche Zeugen für Gott entlarvt; denn wir hätten gegen die Wahrheit bezeugt, dass er Christus vom Tod auferweckt hat. [...] Ist aber Christus nicht auferweckt worden, so ist euer ganzer Glaube vergeblich. Eure Schuld ist dann nicht von euch genommen, und wer im Vertrauen auf Christus gestorben ist, ist dann verloren. Wenn wir nur für das jetzige Leben auf Christus hoffen, sind wir bedauernswerter als irgendjemand sonst auf der Welt." 1. Korinther 15,14–19

10. Gibt die Auferstehung Jesu Ihnen Hoffnung, dass ein Leben nach dem Tod möglich ist? Welche Konsequenzen hat die Auferstehung darüber hinaus noch für Sie? Ändert sich Ihre Sicht von Leben, Tod und vom Jenseits je nachdem, ob die Auferstehung stattgefunden hat oder nicht?

Acht Fakten über die Auferstehung

1. Legendenbildung braucht Zeit. Das leere Grab Jesu wird aber bereits in extrem frühen Quellen erwähnt – so früh, dass ihr Inhalt noch nicht durch Legendenbildung verfälscht sein konnte.
2. Die Evangelien berichten, es seien Frauen gewesen, die das leere Grab zuerst entdeckt haben. Das erhöht die Glaubwürdigkeit der Berichte. Denn in der damaligen Kultur durften Frauen nicht einmal vor Gericht als Zeugen aussagen, weil man ihren Worten generell weniger Vertrauen schenkte. Wenn also jemand seine erfundene Geschichte hätte glaubhaft machen wollen, dann hätte er mit Sicherheit behauptet, eine Gruppe von Männern wäre zuerst am leeren Grab gewesen.
3. Sowohl Christen als auch ihre Gegner wussten, wo sich das Grab Jesu befand. Diejenigen, die nicht an die Auferstehung glaubten, hätten also einfach nachschauen können.
4. Niemand – nicht einmal die römischen oder jüdischen Anführer – haben jemals behauptet, der Leichnam Jesu habe noch im Grab gelegen. Stattdessen behaupteten sie, die Jünger hätten den Körper des Toten gestohlen. Da die Jünger dazu aber weder eine Gelegenheit noch ein Motiv hatten, gaben auch Kritiker diese abwegige Theorie schnell wieder auf.
5. Die Behauptung von verschiedenen Personen, den auferstandenen Jesus gesehen zu haben, entwickelte sich nicht erst im Laufe der Jahre. Das hätte darauf hinwei-

„Ich weiß sehr gut, was ein Beweis ist, und ich kann Ihnen sagen: So starke Beweise, wie es sie für die Auferstehung gibt, sind noch nie widerlegt worden.“

John Singleton Copley (amerikanischer Maler des 18./19. Jahrhunderts)

sen können, dass es sich dabei um einen Mythos handelt, der mit dem Verblassen der direkten Erinnerung an Jesus zu tun hat. Stattdessen gehörte die Auferstehung von Anfang an zu den zentralen Inhalten der Verkündigung der christlichen Kirche.

6. Glaubt man dem Psychologen Gary Collins, kann man die Erscheinungen Jesu keinesfalls auf Halluzinationen oder Wunschdenken zurückführen.

7. Abgesehen von einer Auferstehung gibt es absolut keine sinnvolle Erklärung dafür, warum Skeptiker wie Paulus und Jakobus zum Glauben gefunden und letztlich für ihn gestorben sein sollten.

8. Es gibt keine vernünftige Erklärung für das unglaubliche Aufblühen der jungen Kirche in der Stadt, in der die Kreuzigung stattgefunden hatte – es sei denn, es gab Augenzeugen, die davon berichten konnten, dass sie Jesus wieder lebend gesehen hätten.

Aus all dem schließt der britische Theologe Michael Green: „Die Erscheinungen Jesu sind so gut bezeugt wie alles, was wir aus der antiken Welt wissen ... Es kann keinen rational begründeten Zweifel daran geben, dass sie wirklich stattgefunden haben."

Debbies Auferstehung

Gary Habermas ist Professor an der Liberty-Universität in Virginia und einer der führenden Köpfe, wenn es um Fragen der Auferstehung geht. Eine sehr persönliche Erfahrung veranschaulichte ihm vor einiger Zeit ganz neu die Bedeutung der Auferstehung.

Seine Frau Debbie lag 1995 im Sterben. Sie hatte Magenkrebs und der Tod ließ sich auf grausame Weise Zeit. „Es war das Schlimmste, was überhaupt passieren konnte", sagte Habermas. „Aber wissen Sie, was mich faszinierte? Meine Studenten haben mich angerufen – nicht nur einer oder zwei, sondern alle – und fragten mich: ‚Sind Sie in so einer Situation nicht froh über die Auferstehung?' Trotz der Umstände musste ich aus zwei Gründen lächeln. Erstens: Meine Studenten versuchten, mich aufzuheitern, indem sie mir das erzählten, was ich selbst ihnen beigebracht hatte. Und zweitens: Es funktionierte.

In dieser Zeit musste ich an Ijob denken, der in seinem Leben eine Menge schlimmer Dinge durchmachen musste und viele Fragen an Gott hatte. Aber Gott drehte den Spieß herum und stellte ihm ein paar Fragen. Ich wusste, wenn Gott zu mir kommen würde, hätte ich nur eine Frage an ihn: ‚Herr, warum liegt Debbie da oben im Bett?' Ich glaube, Gott würde in seiner sanften Art mit einer Gegenfrage antworten: ‚Gary, habe ich meinen Sohn von den Toten auferweckt?' Ich würde sagen: ‚Komm schon, Herr, ich habe sieben Bücher über dieses Thema geschrieben! Natürlich hast du ihn von den Toten auferweckt. Aber ich will wissen, was mit Debbie ist!'

„Ich habe eindeutig festgestellt,
dass die Beweise für die Auferstehung von Jesus Christus überwältigend sind.
Die Beweislage zwingt einen dazu,
die Auferstehung anzuerkennen,
und lässt absolut keinen Raum für Zweifel."

Sir Lionel Luckhoo
(brillanter britischer Anwalt)

Ich schätze, er hätte die gleiche Frage immer wieder gestellt: ‚Habe ich meinen Sohn von den Toten auferweckt? Habe ich meinen Sohn von den Toten auferweckt?', bis ich ihn endlich verstanden hätte: Gott hat Jesus Christus vor 2000 Jahren von den Toten auferstehen lassen. Und das bedeutet, dass es 1995 auch eine Antwort auf Debbies Tod gibt. Und wissen Sie was? Es hat funktioniert. Es hat mir damals geholfen und es hilft mir auch heute noch.

Meine Frau zu verlieren war die schmerzhafteste Erfahrung, die ich in meinem Leben machen musste. Aber der Gedanke an die Auferstehung konnte mich da hindurchtragen, und deshalb kann er mich durch alles tragen. Die Auferstehung galt im Jahre 30, sie gilt im Jahr 1995, sie gilt im Jahr 1998 und sie gilt auch darüber hinaus.

Das ist nicht nur irgendeine leere Predigt. Ich glaube dies von ganzem Herzen. Wenn die Auferstehung Realität ist, dann gibt es auch einen Himmel. Wenn Jesus auferstanden ist, dann wird auch Debbie auferstehen. Und ich werde es eines Tages auch.

Und dann werde ich sie beide wieder sehen."

11. Lesen Sie den Abschnitt aus 1. Korinther 15, Verse 3 bis 7. Wie beeinflusst es Ihren Glauben oder Unglauben an die Auferstehung, wenn in diesem sehr frühen biblischen Zeugnis so viele Augenzeugen genannt werden, die Jesus nach seiner Kreuzigung lebendig gesehen haben?

„Ich habe an euch weitergegeben, was ich selbst als Überlieferung empfangen habe, nämlich als Erstes und Grundlegendes: Christus ist für unsere Sünden gestorben, wie es in den Heiligen Schriften vorausgesagt war, und wurde begraben. Er ist am dritten Tag vom Tod auferweckt worden, wie es in den Heiligen Schriften vorausgesagt war, und hat sich Petrus gezeigt, danach dem ganzen Kreis der Zwölf. Später sahen ihn über fünfhundert Brüder auf einmal; einige sind inzwischen gestorben, aber die meisten leben noch. Dann erschien er Jakobus und schließlich allen Aposteln." 1. Korinther 15,3–7

„Diesen Jesus hat Gott auferweckt
und damit die Macht des Todes gebrochen.
Wie hätte auch der Tod über ihn Gewalt behalten können!"

Apostelgeschichte 2,24
(Hoffnung für alle)

12. Jesus sagte: „Ich bin die Auferstehung und das Leben. Wer mich annimmt, wird leben, auch wenn er stirbt, und wer lebt und sich auf mich verlässt, wird niemals sterben, in Ewigkeit nicht. Glaubst du mir das?" (Johannes 11,25–26).

Was denken Sie, was Jesus damit meint?
Glauben Sie ihm? Warum oder warum nicht?

13. Kreuzen Sie von den unten stehenden Aussagen diejenigen an, die Ihren derzeitigen Standpunkt am besten beschreiben.
Teilen Sie der Gruppe Ihre Entscheidung mit und erläutern Sie Ihre Antwort.

„Ohne die Auferstehung ist unser Glaube tot. Die Geschichte ist ohne sie unvollständig."

Mel Gibson

- ○ Ich glaube nicht, dass die Auferstehung tatsächlich stattgefunden hat.
- ○ Ich denke, das Gerede von der Auferstehung ist reines Wunschdenken, mehr nicht.
- ○ Ich glaube, die Auferstehung beweist, dass Jesus die Macht hat, den Tod zu besiegen und die Sünden zu vergeben.
- ○ Ich glaube zwar, dass die Auferstehung tatsächlich stattgefunden hat, bin mir aber nicht sicher, was das für mich konkret bedeutet.
- ○ Ich brauche mehr Beweise, bevor ich an die Auferstehung glauben kann.
- ○ Ich wünschte, ich könnte die Auferstehung als Tatsache anerkennen, aber so weit bin ich noch nicht.
- ○ Tragen Sie Ihre eigene Antwort hier ein:

____

____

____

____

____

____

Weiterführende Bibelstellen:

- Matthäus 27,39–66
- Johannes 10,17–18
- Johannes 11,25–27
- 1. Korinther 15,1–58
- Römer 14,9
- 1. Thessalonicher 4,13–14

Einheit 6

NA, UND?

Was bedeutet das Ganze für mich?

Was bedeutet das Ganze für mich?

„Erzähl mir noch eine Geschichte!"

Als wir Kinder waren, bettelten wir immer wieder um Geschichten. Wir konnten es kaum abwarten, ins Bett zu krabbeln und unser Lieblingsmärchen zu hören. Die Geschichten halfen uns dabei, mit Ängsten fertig zu werden oder aus der harschen Realität in unsere Träume zu flüchten. Sie nahmen uns mit ihren aufregenden Figuren, überraschenden Konflikten, gefährlichen Aufträgen und haarscharfen Rettungen gefangen. Geschichten waren für uns eine sanfte Einführung in die große, weite Welt. Durch sie haben wir angefangen, etwas über Gut und Böse, über Abenteuer und edles Verhalten zu lernen.

Selbst als Erwachsene erhellen uns diese Geschichten noch die Welt, die uns umgibt. Sie lehren uns immer noch etwas über Gut und Böse. Sie bieten uns tief gehende Einsichten in die Natur des Menschen oder halten uns dazu an, uns selbst nicht *zu* wichtig zu nehmen. In den Geschichten finden wir Dinge, über die wir uns freuen können und nach denen es sich zu streben lohnt. Es scheint, als würde jede gute Geschichte etwas vom Leben und von der Liebe erzählen. Etwas von der Wahrheit offenbaren.

Heutzutage hat der Film der Kunst des Geschichtenerzählens zu ganz neuen Möglichkeiten verholfen. Wir können dank der modernen Technik jede Erzählung auf einer riesigen Leinwand verfolgen, zusammen mit einem Soundtrack, Special Effects und digitalem Dolby Surround. Und genau wie die Geschichten unserer Kindheit machen diese neuen Erzählungen einen großen, dauerhaften Eindruck auf uns.

Wir sehen uns Film um Film an und lachen über die Slapstick-Elemente, zitieren tiefgründige Passagen, denken lange über die Welt nach, die uns vor Augen geführt wurde. Ab und zu stolpern wir über eine wirklich gute, inspirierende Story – die so ergreifend, so bewegend ist, dass sie uns verändert. Das ist es, wonach wir unser ganzes Leben lang gesucht haben. Wir sehnen uns nach einer Geschichte, die uns im tiefsten Inneren packt und die unsere Seele berührt.

Zwei Männer, die beide großartige Geschichten erzählt haben, haben sich in einer dunklen Nacht in England vor Jahrzehnten genau darüber unterhalten. Der Biograf Humphrey Carpenter berichtet darüber:

„Genau wie ein *Wort* ein Objekt oder eine Idee bezeichnet“, sagte J. R. R. Tolkien, als die beiden durch die Grünanlagen des *Magdalen College* liefen, „kann eine *Geschichte* ein Stück der *Wahrheit* bezeichnen."

„Ich liebe Geschichten, seit ich ein Kind bin", gab C. S. „Jack" Lewis zurück. „Das weißt du genau! Besonders Geschichten über Helden und Opfer, über Tod und Auferstehung ... Aber wenn es ums Christentum geht, das ist etwas anderes. Ich verstehe einfach nicht, wie das Leben und der Tod eines anderen (wer auch immer er gewesen sein mag) vor 2000 Jahren *mir* im Hier und Jetzt helfen kann."

„Aber begreifst du es denn nicht, Jack?", bohrte Tolkien nach. „Die Geschichte, die das Christentum zu erzählen hat, ist die größte Geschichte von allen. Weil es die *wahre* Geschichte ist. Das *historische Ereignis*, in dem alle Erzählungen sich erfüllen, in dem uns die Bedeutung dieser Geschichten überhaupt erst klar wird ... Es sind mehr als nur Worte."

Lewis blieb stehen. „Willst du mir sagen, dass in der Geschichte von Jesus Christus alle anderen Geschichten *wahr geworden* sind?"

Zehn Tage später schrieb Lewis einen Brief an einen anderen Freund: „Ich habe gerade den Sprung gewagt vom Glauben an Gott zum Glauben an Christus – und an das Christentum selbst. Mein langes Gespräch mit Tolkien hatte eine Menge damit zu tun."

„Die Passion Christi" ist die bewegende Verfilmung eben dieser Geschichte, über die Tolkien und Lewis vor all den Jahren gesprochen haben. Tolkien behauptete, dass es *die* Story ist, in der alle anderen Geschichten wahr werden. Es ist dieses eine historische Ereignis, in dem sich alle unsere Hoffnungen

„Das Christentum ist eine Behauptung, die entweder gar keine Bedeutung hat (wenn sie falsch ist) oder unendliche Bedeutung hat (wenn sie wahr ist). Dazwischen kann es nichts geben."

C. S. Lewis
(englischer Literaturprofessor)

und Bedürfnisse erfüllen. Diese Geschichte hatte Tolkien im tiefsten Inneren gepackt, in der Seele berührt. Sie hat Lewis' Leben umgekrempelt. Sie hat unzählige Menschen zu allen Zeiten verändert. Und sie kann auch heute noch Menschen verändern.

Vielleicht ist es die Geschichte, auf die *Sie* Ihr ganzes Leben gewartet haben.

„Ich hoffe, dass alle, die in diesen Film gehen und es aushalten, ihn bis zum Ende zu sehen und die das Leiden Jesu miterleben – dass sie verändert wieder herauskommen. Ich hoffe, dass die Menschen mit einer Menge Fragen aus dem Kino kommen."

Mel Gibson

Grundlagen für das Gespräch

1. Welche Geschichten haben Sie als Kind oder als Erwachsener gehört, die etwas in Ihrem Leben verändert haben? Was haben sie im Einzelnen bewirkt?

2. Wie hat „Die Passion Christi" Sie verändert? Inwiefern haben Sie das Bedürfnis, in irgendeiner Form auf den Film zu antworten?

3. Im unten stehenden Vers heißt es, dass Jesus Christus gestorben und auferstanden ist, um für unsere Sünden zu bezahlen. Wie würden Sie „Sünde“ definieren? Was sind die Auswirkungen der Sünde, wenn es welche gibt?

„Vergesst nicht, wie viel Christus für uns leiden musste! Er, der frei von jeder Schuld war, starb für uns schuldige Menschen, und zwar ein für alle Mal. So hat er uns zu Gott geführt; sein Körper wurde am Kreuz getötet, der Geist Gottes aber erweckte ihn zu neuem Leben.“

1. Petrus 3,18 (*Hoffnung für alle*)

4. Lesen Sie die folgenden Verse. In der Bibel heißt es, dass wir alle gegen Gott gesündigt haben und deshalb alle seine Vergebung durch Jesus Christus brauchen. Stimmen Sie dieser Aussage zu oder lehnen Sie sie ab? Welchen Versen stimmen Sie zu, welchen nicht?

„Diese Liebe zeigt sich darin, dass Christus sein Leben für uns hingegeben hat. Zur rechten Zeit, als wir noch in der Gewalt der Sünde waren, ist er für uns gottlose Menschen gestorben. Nun wird sich kaum jemand finden, der für einen Gerechten stirbt; allenfalls opfert sich

„Gott ist gerecht, heilig und moralisch vollkommen. Vor ihm sind wir alle schuldig, weil wir an seine Perfektion bei weitem nicht herankommen. Aber in der Bibel wird auch deutlich, dass Gott liebevoll und gnädig ist. Er hat für uns einen Weg geschaffen, um der Verurteilung zu entgehen, die wir eigentlich verdienen. Er hat seinen Sohn gesandt, um an unserer Statt zu sterben."

Cliffe Knechtle
(Pastor)

jemand für einen Wohltäter. Wie sehr Gott uns liebt, beweist er uns damit, dass Christus für uns starb, als wir noch Sünder waren." Römer 5,6–8

„Alle sind Sünder und haben nichts aufzuweisen . . . [aber] Gott spricht jeden von seiner Schuld frei und nimmt jeden an, der an Jesus Christus glaubt."

Römer 3,23.22 (Hoffnung für alle)

„Gott hat Christus, der ohne Sünde war, an unserer Stelle als Sünder verurteilt, damit wir durch ihn vor Gott als gerecht bestehen können." 2. Korinther 5,21

5. Vor dem Hintergrund der oben aufgeführten Verse: Auf welche Art und Weise will Gott dann das Problem der menschlichen Sünde lösen? Wie reagieren bzw. antworten Sie auf diese Behauptung?

Unsere geistliche Krankheit

Wenn bei einem Menschen eine Krankheit diagnostiziert wird, dann kann er Medikamente nehmen, die die Symptome lindern, aber in Wirklichkeit nicht dazu beitragen, die eigentliche Krankheit zu heilen. Durch eine andere Behandlung ist es hingegen möglich, die Krankheit selbst zu heilen, und infolgedessen werden am Ende auch die Symptome verschwinden. In der Bibel heißt es, dass alles Schlechte, was wir jeden Tag tun, nur Anzeichen und Symptom einer viel tiefer liegenden Krankheit im menschlichen Herzen ist: Sünde. Gute Dinge zu tun oder der Versuch, ein besserer Mensch zu werden, stellen letztlich nur eine Behandlung der äußerlichen Symptome unserer geistlichen Krankheit dar. Jesus Christus, der Mensch gewordene Gott, stellt die einzige wirkliche und wirksame „Medizin“ dar, indem er unsere Sünde vergibt und uns in unseren Herzen verändert.

6. Lesen Sie die unten stehenden Verse. In der Bibel wird behauptet, es sei absolut unmöglich, aus eigener Kraft der Bestrafung für unsere Sünden zu entgehen. Was halten Sie davon? Ist es für Sie schwierig, zuzugeben, dass Sie von sich aus die Kluft zwischen Mensch und Gott, die eine Folge der Sünde ist, nicht überwinden können?

„Der Lohn, den die Sünde zahlt, ist der Tod. Gott aber schenkt uns unverdient, aus reiner Gnade, ewiges Leben durch Jesus Christus, unseren Herrn."

Römer 6,23

„Eure Rettung ist wirklich reine Gnade, und ihr empfangt sie allein durch den Glauben. Ihr selbst habt nichts dazu getan, sie ist Gottes Geschenk. Ihr habt sie nicht durch irgendein Tun verdient; denn niemand soll sich mit irgendetwas rühmen können." Epheser 2,8–9

„Aber dann erschien die Freundlichkeit und Menschenliebe Gottes, unseres Retters. Wir selbst hatten keine guten Taten vorzuweisen, mit denen wir vor ihm hätten bestehen können. Nein, aus reinem Erbarmen hat er uns gerettet durch das Bad der Taufe – das Bad, in dem wir zu einem neuen Leben geboren wurden, erneuert durch den Heiligen Geist. Ihn hat er in reichem Maß über uns ausgegossen durch Jesus Christus, unseren Retter. Durch dessen Gnade können wir vor Gott als gerecht bestehen, und darum sind wir auch eingesetzt zu Erben des ewigen Lebens, auf das wir nun hoffen dürfen." Titus 3,4–7

„Gott hat die Menschen so sehr geliebt, dass er seinen einzigen Sohn hergab. Nun werden alle, die sich auf den Sohn Gottes verlassen, nicht zugrunde gehen, sondern ewig leben. Gott sandte den Sohn nicht in die Welt, um die Menschen zu verurteilen, sondern um sie zu retten. Wer sich an den Sohn Gottes hält, wird nicht verurteilt. Wer sich aber nicht an ihn hält, ist schon ver-

„[Im Christentum] geht es in Wirklichkeit nicht um Regeln und Vorschriften. Gott stellt keine Forderungen an die Menschen, sondern nimmt jeden an, der auf seine Liebe antwortet."

F. F. Bruce
(britischer Theologe des 20. Jahrhunderts)

urteilt, weil er Gottes einzigen Sohn nicht angenommen hat.“ Johannes 3,16–18

„Gott hat Christus, der ohne Sünde war, an unserer Stelle als Sünder verurteilt, damit wir durch ihn vor Gott als gerecht bestehen können.“ 2. Korinther 5,21

7. Was zeichnete Jesus nach Angabe der Bibel aus, sodass er als Einziger würdig war, für unsere Sünden zu bezahlen und auf diese Weise eine Brücke zwischen Gott und Menschen zu schlagen?

8. In Apostelgeschichte 4, Vers 12 heißt es: „Jesus Christus und sonst niemand kann die Rettung bringen. Auf der ganzen Welt hat Gott keinen anderen Namen bekannt gemacht, durch den wir gerettet werden könnten.“ Mit welchen Begründungen wird in der Bibel die Behauptung gestützt, Jesus sei der einzige Weg zu Gott?

„Jesus antwortete:
‚Ich bin der Weg,
denn ich bin die Wahrheit
und das Leben.
Einen anderen Weg
zum Vater gibt es nicht.‘“

Johannes 14,6

9. Lesen Sie den Abschnitt aus Philipper 2, Verse 6 bis 11. Welchen Unterschied macht es für Sie, wenn überhaupt, dass Jesus Christus in die Welt gekommen ist, ein vollkommenes Leben geführt hat, am Kreuz für Ihre Sünden gestorben ist und wieder auferweckt wurde?

„Er war in allem Gott gleich, und doch hielt er nicht gierig daran fest, so wie Gott zu sein. Er gab alle seine Vorrechte auf und wurde einem Sklaven gleich. Er wurde ein Mensch in dieser Welt und teilte das Leben der Menschen. Im Gehorsam gegen Gott erniedrigte er sich so tief, dass er sogar den Tod auf sich nahm, ja, den Verbrechertod am Kreuz. Darum hat Gott ihn auch erhöht und ihm den Rang und Namen verliehen, der ihn hoch über alle stellt. Vor Jesus müssen alle auf die Knie fallen – alle, die im Himmel sind, auf der Erde und unter der Erde; alle müssen feierlich bekennen: ‚Jesus Christus ist der Herr!' Und so wird Gott, der Vater, geehrt." Philipper 2,6–11

10. Die nachfolgenden Verse beschreiben eine Begegnung zwischen Thomas und Jesus kurz nach der Auferstehung. Finden Sie Ihre eigenen Zweifel in Thomas wieder?
Ist es für Sie eine Herausforderung, an Jesus zu glauben, ohne ihn zu sehen?

„Als Jesus kam, war Thomas, genannt der Zwilling, einer aus dem Kreis der Zwölf, nicht dabei gewesen. Die anderen Jünger erzählten ihm: ‚Wir haben den Herrn gesehen!'

Thomas sagte zu ihnen: ‚Niemals werde ich das glauben! Da müsste ich erst die Spuren von den Nägeln an seinen Händen sehen und sie mit meinem Finger fühlen und meine Hand in seine Seitenwunde legen – sonst nicht!'

Eine Woche später waren die Jünger wieder im Haus versammelt und Thomas war bei ihnen. Die Türen waren abgeschlossen. Jesus kam, trat in ihre Mitte und sagte: ‚Frieden sei mit euch!' Dann wandte er sich an Thomas und sagte: ‚Leg deinen Finger hierher und sieh dir meine Hände an! Streck deine Hand aus und lege sie in meine Seitenwunde! Hör auf zu zweifeln und glaube!'

Da antwortete Thomas: ‚Mein Herr und mein Gott!'

Jesus sagte zu ihm: ‚Du glaubst, weil du mich gesehen hast. Freuen dürfen sich alle, die mich nicht sehen und trotzdem glauben!'

Jesus tat vor den Augen seiner Jünger noch viele andere Wunderzeichen, die nicht in diesem Buch stehen. Was aber in diesem Buch steht, wurde aufgeschrieben, damit ihr festbleibt in dem Glauben, dass Jesus der versprochene Retter ist, der Sohn Gottes. Wenn ihr das tut, habt ihr durch ihn das Leben." Johannes 20,24–31

11. In Römer 10, Vers 9 heißt es: „Wenn ihr also mit dem Mund bekennt: ‚Jesus ist der Herr', und im Herzen glaubt, dass Gott ihn vom Tod auferweckt hat, werdet ihr gerettet." Hält Sie irgendetwas davon ab, den auferstandenen Jesus als den Herrn in Ihrem Leben anzuerkennen, der Ihre Sünden vergibt? Wenn es Ihnen nichts ausmacht, dann teilen Sie der Gruppe mit, an welchem Punkt Sie hinsichtlich dieser Entscheidung stehen. Erzählen Sie auch davon, wenn es noch etwas gibt, das Sie zurückhält.

In die Schubkarre springen

Intellektuelle Zustimmung zum Christentum bedeutet, als eine Tatsache anzuerkennen, dass Jesus auf diese Welt gekommen ist, um Sünder zu retten. Dieses Faktum persönlich anzunehmen bedeutet hingegen, der Information von Herzen zu vertrauen und sie im eigenen Leben umzusetzen.

Vor vielen Jahren spannte der berühmte Akrobat Karl Wallenda ein Stahlseil über die Niagarafälle und bot an, einen Freiwilligen in einer Schubkarre hinüberzuschieben. Es gab viele, die vom Verstand her „glaubten", dass er es schaffen würde, aber niemand wollte sich persönlich darauf einlassen. In die Schubkarre zu steigen und sich über den Abgrund fahren lassen – das ist der Unterschied zwischen intellektueller Zustimmung und persönlicher Annahme.

12. Jesus sagte: „Amen, ich versichere euch: Alle, die auf mein Wort hören und dem glauben, der mich gesandt hat, haben das ewige Leben. Sie kommen nicht mehr vor Gottes Gericht; sie haben den Tod schon hinter sich gelassen und das unvergängliche Leben erreicht“ (Johannes 5,24). Und in Johannes 1, Vers 12 heißt es: „Aber allen, die ihn aufnahmen und ihm Glauben schenkten, verlieh er das Recht, Kinder Gottes zu werden.“ Was müssen wir, glaubt man diesen Versen, tun, um das ewige Leben zu erhalten? Was tut Gott?

13. Jesus beschrieb einmal das, was am ewigen Leben das Wesentliche ist. Er sagte: „Und das ewige Leben besteht darin, dich zu erkennen, den einzig wahren Gott, und den, den du gesandt hast, Jesus Christus“ (Johannes 17,3). Die Vokabel „erkennen“ bedeutet auch „innigen Kontakt haben, das Innerste teilen“. Welches Licht wirft das auf die eigentliche Bedeutung von ewigem Leben und auf Gottes Wunsch nach unserer Beziehung zu ihm?

14. Im Nachwort zu diesem Kleingruppenheft wird von einem Vorfall berichtet, der einem der beiden Autoren widerfahren ist. Lesen Sie die Geschichte (Seite 107) und sprechen Sie anschließend darüber. Wovon hängt es ab, in welcher Weise die Erzählung Sie anspricht?

15. An welchem Punkt sind Sie jetzt, am Ende dieses Heftes, auf Ihrer geistlichen Reise angelangt? Kreuzen Sie von den unten stehenden Aussagen diejenigen an, die Ihre Haltung im Augenblick am besten beschreiben. Teilen Sie Ihre Antwort mit den anderen und erläutern Sie sie.

- ○ Ich bin mir immer noch nicht sicher, welche Bedeutung Jesus für mein Leben hat.
- ○ Wenn Gott sich wirklich so um mich sorgt, wie es in der Bibel behauptet wird, dann verstehe ich trotzdem noch nicht, warum Jesus nötig ist, um Gott und Menschen zusammenzubringen.
- ○ Es fällt mir schwer zu glauben, dass ich nichts weiter zu tun brauche, als Jesus in mein Leben einzuladen, um Gottes Vergebung zu erhalten.
- ○ Ich würde gerne mehr darüber hören, was es bedeutet, eine Beziehung zu Gott zu haben.

„Gott aber hat ganz eindeutig bezeugt, dass er uns das ewige Leben schenkt, und zwar nur durch seinen Sohn. Wer also dem Sohn vertraut, der hat das ewige Leben; wer aber dem Sohn nicht vertraut, der hat auch das Leben nicht."

1. Johannes 5,11–12 (Hoffnung für alle)

- Ich bin froh, endlich verstanden zu haben, was es bedeutet, ein Christ zu sein.
- Ich verstehe jetzt besser, warum, an der Bibel gemessen, einige Menschen Christen sind und andere nicht, aber ich teile die Ansichten der Bibel nicht.
- Ich bin dankbar, dass Gott einen Weg für mich eröffnet hat, auf dem wir uns versöhnen können.
- Ich verstehe, dass Jesus der einzige Weg zu Gott ist, aber ich fühle mich noch etwas komisch bei diesem Gedanken.
- Ich habe erkannt, dass man eine Beziehung zu Gott nur durch Jesus haben kann. Trotzdem habe ich entweder keine Lust oder bin noch nicht so weit, diesen Schritt zu gehen.
- Ich weiß jetzt, dass ich Jesus brauche, weil ich nur durch ihn Vergebung erlangen, mit Gott versöhnt werden und das ewige Leben erhalten kann. Deshalb möchte ich diesen Schritt gehen.
- Tragen Sie Ihre eigene Antwort hier ein:

____

____

____

____

____

____

Weiterführende Bibelstellen

- Jesaja 59,2
- Johannes 1,10–12
- Johannes 6,35–40
- Johannes 17,3
- Römer 6,23
- Epheser 1,7–8
- Epheser 2,1–10
- Titus 3,4–7
- 1. Petrus 1,18–21
- Hebräer 1,1–3
- Hebräer 12,1–4
- 1. Johannes 1,8–9

Nachwort

Schuld und Sühne

Ein Bekannter rief mich vor einer Weile wegen eines, wie er es empfand, peinlichen Problems an. Seine Tochter war dabei erwischt worden, wie sie im Buchladen unserer Gemeinde ein Buch stahl, und er bat mich (Lee), als Repräsentant der Gemeinde zur Verfügung zu stehen, damit sie zu mir kommen und sich bei mir entschuldigen könnte. Er sagte, er wolle, dass seine Tochter aus dem Vorfall etwas lerne. Ich gab mein Einverständnis – aber gleichzeitig hatte ich noch eine viel größere Lehre für das Mädchen im Hinterkopf.

Am nächsten Tag marschierten die Eltern mit ihrem achtjährigen Kind in meinem Büro auf und setzten sich.

„Erzähl mir, was passiert ist", forderte ich das Mädchen so freundlich wie möglich auf.

„Also", sagte sie und schniefte, „ich habe dieses Buch gesehen, was ich unbedingt haben wollte, aber ich hatte kein Geld …" Tränen sammelten sich in ihren Augen und rannen ihr über die Wangen. Ich gab ihr ein Taschentuch. „Also habe ich das Buch genommen und es unter meiner Jacke versteckt. Ich wusste, dass das falsch ist. Ich wusste, dass ich es nicht machen sollte, aber ich habe es trotzdem getan. Und es tut mir Leid. Ich werd's nie wieder tun, ehrlich!"

„Ich bin sehr froh, dass du freiwillig zugibst, was du getan hast, und dass du dich entschuldigt hast", entgegnete ich. „Das ist sehr mutig von dir und es ist genau das Richtige. Was denkst du, welche Strafe für so einen Diebstahl angemessen wäre?"

Sie zuckte mit den Achseln. Ich dachte einen Augenblick nach, bevor ich selbst eine Antwort gab. „Soweit ich das sehe, hätte das Buch fünf Dollar gekostet. Ich finde, es wäre fair, wenn du diese fünf Dollar im Buchladen bezahlst und als Strafe noch dreimal die Summe drauf, sodass es insgesamt 20 Dollar wären. Denkst du auch, dass das fair ist?"

Sie nickte traurig. „Ja", murmelte sie. Sie wusste, dass es eine gerechte Strafe war. Aber jetzt mischte sich Angst in ihren Blick. 20 Dollar sind eine riesige Summe Geld für so ein kleines Kind. Woher sollte sie so viel Geld nehmen?

Ich wollte diese Gelegenheit nutzen, um ihr etwas über Jesus beizubringen. Deshalb öffnete ich die Schublade meines Schreibtisches, holte mein Scheckbuch heraus und stellte von meinem persönlichen Konto einen Scheck über die ganze Summe aus. Ich trennte das Blatt aus dem Scheckbuch und hielt es ihr hin. Ihr Mund stand vor Erstaunen offen.

„Ich werde deine Strafe für dich bezahlen, damit du es nicht tun musst. Weißt du, warum ich das tue?" Verlegen schüttelte sie ihren Kopf. „Weil ich dich liebe. Weil ich für dich da sein will. Weil du mir sehr viel bedeutest. Und vergiss nicht: Das Gleiche empfindet auch Jesus für dich. *Nur noch viel stärker.*"

Da streckte sie die Hand aus und nahm mein Geschenk an. Ich wünschte, es gäbe Worte, um zu beschreiben, wie viel Erleichterung sich auf ihrem Gesicht spiegelte, mit welcher Verwunderung und zugleich Freude sie wieder aufblühte. Sie war so dankbar, dass es sie beinahe umhaute.

Das Ganze ist so ähnlich wie alles, was Jesus für Sie getan hat. Durch sein Leiden und durch seinen Tod am Kreuz hat er die Strafe für Ihr Fehlverhalten gezahlt, an Ihrer Stelle, damit Sie es nicht tun müssen. Er hat Sühne geleistet für Ihre Schuld. Aus reiner Liebe bietet er Ihnen diese Sühne als Geschenk an – das Sie entweder annehmen oder ablehnen können. Und es ist nicht schwer, Ja zu sagen. Dazu ist nicht mehr nötig als ein Gebet, in dem Sie sich von Ihrer Sünde lossagen, Gott um Vergebung und Führung für Ihr Leben bitten und seine Verheißung des ewigen Lebens annehmen.

Es liegt ganz bei Ihnen.

„Es ist ein wahres Wort
und verdient volles
Vertrauen:
Jesus Christus ist
in die Welt gekommen,
um die Sünder
zu retten."

1. Timotheus 1,15

Literaturempfehlungen

Lee Strobel: „Der Fall Jesus".
Asslar: Projektion J, 1999.

Lee Strobel: „Der Fall Jesus. Für Teens".
Asslar: Projektion J, 2003.

Lee Strobel: „Glaube im Kreuzverhör".
Asslar: Projektion J, 2001.

Lee Strobel: „Glaube im Kreuzverhör. Für Teens".
Asslar: Projektion J, 2003.

Garry Poole/Judson Poling: „Gibt es Gott wirklich?".
Asslar: Projektion J, 1999.

Rick Warren: „Leben mit Vision".
Asslar: Projektion J, 2003.

Norman Geisler/Ron Brooks: „Wenn Skeptiker fragen. Fragen an den christlichen Glauben".
Dillenburg, Christliche Verlagsgesellschaft.

Ravi Zacharias: „Jesus, der einzige Gott?".
Gießen: Brunnen Verlag, 2002.

C. S. Lewis: „Pardon, ich bin Christ".
Gießen: Brunnen Verlag, 2002.

Josh McDowell: „Wer ist dieser Mensch?".
Holzgerlingen: Hänssler Verlag, 1999.

F. F. Bruce: „Außerbiblische Zeugnisse über Jesus und das frühe Christentum".
Gießen: Brunnen Verlag, 1993.

Dank

Dieses Kleingruppenheft ist das Ergebnis von hervorragendem Teamwork – nicht nur von den Autoren. Eine unglaubliche Menge weiterer Menschen hat sich auf vielfältige Weise eingebracht.

Besonderen Dank schulden wir Ann Kroeker, Laura Allen und Jim Poole für ihre kreativen Ideen, Intuitionen und Vorschläge. Ihr großes Engagement und ihre Mitarbeit beim Schreiben und Überarbeiten haben diesem Heft eine ganz neue Qualität verliehen.

Das Team bei *Zondervan* – darunter Scott Bolinder, Lyn Cryderman, John Topliff, Jack Kuhatschek, John Raymond, Angela Scheff, Bob Hudson, Cindy Davis, Todd Sprague und andere – hat es ausgezeichnet verstanden, dieses Werk in Rekordzeit herauszugeben. Außerdem möchten wir unsere Wertschätzung gegenüber Scott Evans und Doug Martinez von der *Outreach Inc.* ausdrücken und der *Willow Creek Association* danken.

Abschließend sind wir für die Fantasie, die Vision und den Mut dankbar, die Mel Gibson dazu veranlasst haben, einen Kinofilm zu drehen, der die Passion Jesu endlich einmal mit unverstellter Deutlichkeit zeigt.

Über die Autoren

Lee Strobel

Der ehemalige Atheist Lee Strobel, Studium an der *Yale Law School*, gewann mehrere Preise als Gerichtsreporter der *Chicago Tribune.* Er war Pastor in zwei der größten Gemeinden Amerikas – der *Willow Creek Community Church* und der *Saddleback Community Church* – und hat als Autor und Co-Autor mehrere Bücher veröffentlicht, einschließlich der beiden Bestseller „Der Fall Jesus" und „Glaube im Kreuzverhör". Seine jüngsten Bücher tragen die Titel *The Case for a Creator* und *The Case for Easter,* die ebenfalls bald auf Deutsch erscheinen werden. Er lebt mit seiner Frau Leslie in Südkalifornien.

Garry Poole

Garry Poole ist der Bereichsleiter Evangelisation in der *Willow Creek Community Church* in South Barrington, Illinois. In seinen Zuständigkeitsbereich fällt ein Netzwerk von Kleingruppen, die Kirchendistanzierten helfen sollen, sich intensiver mit dem Christentum auseinander zu setzen. Er ist Verfasser der Bücher *Seeker Small Groups* und *The Complete Book of Questions* und hat als Co-Autor die „Glaube im Kreuzverhör"-Reihe mitveröffentlicht. Poole lebt in einem Vorort von Chicago.